하나님과 가까이 함이
내/네게 복이라

조영 지음

하나님의 사람을 만들어 가는 ELMAN

하나님과 가까이 함이
내/네게 복이라

조영 지음

엘맨
하나님의 사람을 만들어 가는 ELMAN

프롤로그

코로나19는 우리의 삶에 많은 변화를 가져왔다. 세계로 만연되어있는 지독한 바이러스는 한국에까지, 내 형제, 내 가족에게까지 장장 2년이 넘는 시간에 걸쳐 사람들의 일상에 지대한 영향을 주고 있다. 마치 책으로만 접했던 페스트 열병의 기운이다. 또한 일부 교회를 비롯한 코로나의 침범은 우리를 영적인 방황으로까지 내몰았던 시간이기도 하며 모든 생활적 마비를 시키며 좌절과 함께 절망으로 치닫게 하고 있다.

숨죽여 기도와 함께 기다릴 수밖에 없는 시간이지만 내게는 성경을 접하는 시기이기도 했다. 마냥 시간을 허비할 수 없었기에 성경을 열어보았다. 시작의 이유는 그러했지만 오래 전부터 한 번은 읽어야지 하던 염원이기도 했기에 핑계에 연연해하지 않고 읽기 시작했다.

무작정 뛰어들었던 믿음의 시간은 길었다. 믿음의 시간이라고 하기는 부끄러울 만큼, 작은 믿음, 부족한 믿음, 얕은 믿음의 시간이었다. 그러한 믿음은 남편의 부재가 시작되면서 조금은 가까이 다가설 수 있는 계기는 되었지만 그 믿음 또한 얄팍한 믿음이었다. 그리고 그 믿음은 눈물이었다. 그냥 눈물이었고 하소연이었다. 아무도 모르게 나만의 슬픔을 가장하여 맘껏 통곡해낼 수 있는 나만의 공간이기도 했다. 내 이기적인 믿음을 알면서도 간구의 기도도 멈추지 않았다. 무엇을 간구하는지, 왜 간구하려고 하는지, 어떻게 간구해야 하는지도 모른 채, 의구심을 가지면서도 기도는 멈추지 않았다. 어쩌면 기도를 드리는 것만으로 위로를 받고 싶었던 것으로 생각된다. 기도하는 것만으로 인정 받고 싶은 나의 세속적 믿음은 항상 꺼림이 내면에 감돌고 있었고 그 시간 또한 길었다.

그러나 그러한 부족한 믿음이라도 붙들고 있었기에, 기도를 드려야지만 하루를 마무리한 안도감을 가질 수 있었다. 그리고 알고 싶었다. 비신도자들이 왜 하나님을 믿느냐고 질문하면, 그냥 의지할 수 있는 내 맘의 안식처라고 밖에는 자신 있게 대답할 수 있는 그 무엇이 없었다. 나 자신이 먼저 왜? 어떻게? 라는 질문을 풀어내지 못하는 데에 대한 해답을 찾고 싶었다.

성경의 소제목이 무엇을 뜻하는지부터 탐독해나갔다. 한 번의 읽기로는 채울 수 없었기에 혼란은 있었다. 또 한 번의 정독과 함께 수원제일교회 김근영 목사님의 말씀을 듣고 또 다시 들으며 가슴에 담았다. 목사님의 "모자람과 잃은 것에 대해 절망하고 불평하지 말고 남아있는 것에 희망을 가지고 감사를 드리자"라는 말씀에 가슴이 뭉클했다. 그리고 내가 아프고 힘들 때, 소통을 원했을 때 아버지가 있기에 맘 놓고 울기도, 큰소리로 고함을 지르기도 하며 모든 것을 털어내 놓을 수 있는 고백처가 있다는 것에 든든함을 가질 수도 있었다. 다른 사람은 가지지 못한 하나님이 내 옆에 계시다는 거, "니 옆에 내가 있다"라는 약속의 말씀을 믿고 싶었다.

지금에서야 하나님의 사랑을 글로써 말해보기로 했다. 주님의 사랑을 글로 표현하고 싶었던 것은 꽤 된 듯하다. 말하고 싶은 것을 글로 표현하는 게 내가 가지고 있는 단 하나의 작은 재능이긴 하지만 하나님 말씀의 능력을 말하기엔 내가 너무 부족했고 모자라다는 것을 알기에 주님의 마음을 얼마나 깊이 있게, 어떻게 말해야 할지 하는 구성과 형식의 난관 앞에서도 망설이게 되었음을 자인하며 그 또한 내 글의 욕심이었음을 고백한다. 하물며 2독 밖에 하지 않은 말씀의 앎에 망설임과 부끄러움도 있었지만 이 글은 내 믿음을 자부하고자 하는 교만이 아니라 지금 내가 가지고 있는 만큼의 믿음을 말하고 싶은 작은 하나님의 향기라 여긴다. 또한 매번 내 글에 대한 초라함을 느끼지만 주님이 주시는 글이라 믿는다. 하나님이 주시는 사랑이 얼마나 잘 표현이 될지, 우리 성도님들의 맘에 얼마나 울림이 될지 조심스럽지만 단 한 사람에게라도 가 닿을 수 있기를 바라는 마음으로 한줄 한줄 써보기로 했다. 그리고 이 글을 쓰면서 아버지하나님의 사랑과 말씀의 깊이를 더 많이 알게 되었고 얼마나 큰 진리인지를 깨달게 되었기에 알게 모르게 내 부끄러운 믿음이 조금씩 견고

해지고 있음을 확인할 수 있는 계기와 은혜가 되었다. 그것이 곧 기쁨이고 행복이라는 깨달음은 나의 잦은 미소와 함께 나타나고 있었다.

이 글의 배경은 수원 제일교회 김근영 목사님의 2021년 주일 대예배 말씀의 주제문 "하나님과 가까이함이 내게 복이라"를 바탕으로 삼았다. 그리고 매주 주제의 말씀을 소재로 삼아 옴니버스 형식으로 접근했다. 한 주 한주 목사님의 말씀을 들으며 글의 구성과 형식을 만들어 나가는 데 상당한 도움이 되었기에 하나님의 사랑을 이렇게 시로 승화시킬 수 있는 원동력이 되어주신 김근영 목사님의 문학적 관심과 혜안에 깊은 감사와 찬사를 드린다. 마지막으로 여기에 나오는 모든 각주(보충설명)는 김근영 목사님의 주일 대예배 때의 말씀임을 밝힌다.(몇 편의 글은 이규왕 목사님, 부목사님들의 말씀)

가슴 속 봄날을 꿈꾸는 이들에게

"겨울은,
바다와 대륙 밖에서
그 매운 눈보라 몰고 왔지만
이제 올
너그러운 봄은, 삼천리 마을마다
우리들 가슴속에서
움트리라

움터서,
강산을 덮은 그 미움의 쇠붙이들
눈 녹이듯 흐물흐물
녹여버리겠지"

조영 집사님의 시집을 읽고 떠오른 시(詩)입니다. 신동엽의 〈봄은〉이란 시의 한 대목입니다. 시인은 속삭입니다. 봄은 우리들의 가슴 속에서 움튼다고 말이지요. 맞습니다. 제아무리 잘나가는 인생일지라도 가슴 속이 겨울이면 겨울일 테고, 아무리 어려운 상황을 만난다고 할 지라도 가슴 속이 봄날이면 봄일 겁니다. 조영 집사님의 선율 같은 시를 음미하다 보니 겨울 가슴을 떨쳐 보내고 영혼의 봄날을 맛보게 됩니다.

현대인들은 수많은 지식과 정보를 공급받을 수 있는 인터넷 공간에서 살아갑니다. 그에 비해 시는 우리 삶에 유용한 정보를 제공하지 않습니다. 그러함에도 사람들은 시를 읽습니다. 왜일까요? 시는 진부하기 이를 데 없는 우리 삶을 새로운 시선으로 바라보게 하기 때문입니다. 시는 냉랭한 우리 가슴을 온기 있게 만들어주기 때문입니다. 마치 가슴 속에서 움튼 봄이 미움과 증오의 쇠붙이들을 흐물흐물 녹여주듯 말입니다. 조영 집사님의 작품을 한 절 한 절 가슴으로 들이마시다 보면 영혼 깊은 곳에 숨겨두었던 미움의 감정들이 녹아드는 치유를 경험하게 됩니다. 가슴 속 봄날을 꿈꾸는 이들에게 조영 집사님의 시집을 소개합니다.

누군가가 그러더군요. "기억을 기록하는 행위는 인간다움을 잃지 않으려는 노력"이라고 말입니다. 내가 누구인지, 내가 어디로 가고 있는지, 내가 무엇을 위해 사는지 기억나지 않을 때, 길을 잃지 않기 위해서 기록한다고 말이지요. 분명 조영 집사님의 시를 읽는 독자들 또한 지면에 실린 따뜻한 글들을 통해 인생의 길을 찾고 흔들리지 않는 삶의 길을 걸어

가리라 확신합니다.

특별히 이 시집에 실린 생명의 언어들을 통해 가슴 아픈 성도들이 위로 받고 다시 일어설 것을 생각하니 가슴이 벅차오릅니다. 시인 김재진은 노래합니다.

"자작나무의 하얀 키가 하늘 향해 자라는 밤
가슴 아픈 것들은 다
소리를 낸다"

기도하실 때 꺼억꺼억 우는 분들이 계십니다. 삶의 애환과 고통이 버겁고 서러워 마치 애절한 피리 소리처럼 가슴 아픈 신음 소리를 냅니다. 이런 분들이 조영 집사님의 시를 통해 치유되고 회복되길 소망합니다.

고즈넉한 수원 화성을 거닐며...
김근영 목사 (수원제일교회 담임)

추천사

시란 참 아름다운 것입니다. 그러나 시의 효험을 잘 모르는 나에겐 어렵기만 한 장르입니다. 성경 말씀으로 시를, 그것도 주일 설교 말씀을 시로 쓰고 있다는 말을 들었을 때 감격으로 가슴이 뭉클했습니다. 얼마나 많이 듣고 읽고 해야 한 편의 시를 만들 수 있을까 하는 생각에, 말씀의 은혜와 벅찬 감동이 함께했을 거라는 게 느껴졌습니다. 이 시는 분명 하나님께는 영광이요, 작가에게도, 이 시를 읽는 우리에게도 신앙의 성숙을 가져다줄 것이라는 생각이 듭니다. 2021년 52주 설교 말씀을 다시 한번 회고하며 행복한 하루하루가 되길 기원합니다.

수원제일교회 조정숙 권사

목차

1.
살길이 있습니다 / 신년감사주일

- 나의 빛이 되시는 오직 유일한 하나님의 말씀을 붙잡고 -

꿈이었습니다
아무도 없습니다
모든게 멈추었습니다
멍한 시간이었죠
무엇을 해야 할지
어떻게 살아야 할지
앞이 보이지 않습니다
머릿속이 텅 비었습니다
당연함이 얼마나
부질없음을 알았을 때
어두운 빛이었습니다
하염없는 눈물입니다
엉엉 우는 고백입니다
잘못했다고 미안했다고

용서해 달라고

두 손을 모았습니다

내가 만든 상처에 갇혀

나올 줄을 모릅니다

나로 인한 잘못된 현실에

두 무릎을 꿇었습니다

주님의 말씀을 듣고 싶습니다

이제야 고백합니다

제 믿음의 부끄러움을

씨앗의 멈춤으로 꽃이 피듯[1]

다시 일어서려 합니다

밝은 빛이 보입니다

살길을 열어주시는 주님

살고 싶습니다 아버지

---

1 백무상/시인 백무상은 "정지의 힘"이라는 작품에서 '씨앗처럼 정지하라 꽃
은 멈춤의 힘으로 피어난다'고 말함.(제로에서 정지하여 다시 일어나자는
의미)

신명기 6장 4~9

– 여호와의 명령과 규례와 법도

4 이스라엘아 들으라 우리 하나님 여호와는 오직 유일한 여호와이
　시니
5 너는 마음을 다하고 뜻을 다하고 힘을 다하여 네 하나님 여호와
　를 사랑하라
6 오늘 내가 네게 명하는 이 말씀을 너는 마음에 새기고
7 네 자녀에게 부지런히 가르치며 집에 앉았을 때에든지 길을 갈
　때에든지 누워 있을 때에든지 일어날 때에든지 이 말씀을 강론
　할 것이며
8 너는 또 그것을 네 손목에 매어 기호로 삼으며 네 미간에 붙여 표
　로 삼고
9 또 네 집 문설주와 바깥문에 기록할지니라

2.
멈추지 않는 사랑, 그치지 않는 은혜

-보아스가 룻에게 베푸는 인간애, 곧 하나님의 사랑-

아픔과 상처를 믿음으로 승화한다면

한 줄의 하프를 껴안고 연주하는

눈먼 여인[1]의 애처로운 아름다움이

절망이 아니라 희망이 되듯

모자람이 체념이 아니라

한 가닥의 빛이라 여기며

남아있는 것에 감사를 드린다면

보잘것없는 룻[2] 에게 손을 내미는 보아스[3]

---

1 19세기 말 영국의 조지 프레드릭 왓츠의 "희망"이라는 그림으로 버락 오바
마 대통령의 대권 출마 계기가 되어준 작품이기도 함(47줄에서 한 줄밖에 남
지 않은 하프를 껴안고 연주하고 있는 눈먼 여인의 모습) 더 이상은 버틸 힘
이 없는 절망의 상황을 역설적이게도 제목이 "희망"이라는 것. 아직 한 가닥
의 하프 줄이 남아있는 것에 초점을 둠.

2 룻/'친구'란 뜻, 베들레헴 사람 엘리멜렉과 나오미의 아들 말론의 아내(모압
여인)로서 모든 것을 잃어버린 시어머니 나오미를 따라 베들레헴으로 감

3 보아스/'그 안에 능력있다. 힘이 있음'의 뜻을 가짐

애야, 나는 너밖에 안 보여

절망 속에서 삶에 반기를 들지 않았다면
처절한 내 시간을 원망하지 않았다면
혼자인 서러움에 서글피 울고만 있지 않았다면
아직 나에겐 두 딸이 있다는
남아있음에 감사를 드렸더라면
받은 복을 세며 주어진 것에
감사의 두레박을 준비했더라면
애야, 나는 너밖에 안 보였어

성경말씀

룻기 2장 14~20

-룻이 보아스를 만나다

14 식사할 때에 보아스가 룻에게 이르되 이리로 와서 떡을 먹으며
네 떡 조각을 초에 찍어라 하므로 룻이 곡식 베는 자 곁에 앉으니
그가 볶은 곡식을 주매 룻이 배불리 먹고 남았더라
15 룻이 이삭을 주우러 일어날 때에 보아스가 자기 소년들에게 명
령하여 이르되 그에게 곡식 단 사이에서 줍게 하고 책망하지 말며

16 또 그를 위하여 곡식 다발에서 조금씩 뽑아 버려서 그에게 줍게 하고 꾸짖지 말라 하니라

17 룻이 밭에서 저녁까지 줍고 그 주운 것을 뜨니 보리가 한 에바 쯤 되는지라

18 그것을 가지고 성읍에 들어가서 시어머니에게 그 주운 것을 보이고 그가 배불리 먹고 남긴 것을 내어 시어머니에게 드리매

19 시어머니가 그에게 이르되 오늘 어디서 주웠느냐 어디서 일을 하였느냐 너를 돌본 자에게 복이 있기를 원하노라 하니 룻이 누구에게서 일했는지를 시어머니에게 알게 하여 이르되 오늘 일하게 한 사람의 이름은 보아스니이다 하는지라

20 나오미가 자기 며느리에게 이르되 그가 여호와로부터 복 받기를 원하노라 그가 살아있는 자와 죽은 자에게 은혜 베풀기를 그치지 아니하도다 하고 나오미가 또 그에게 이르되 그 사람은 우리와 가까우니 우리 기업을 무를 자 중의 하나이니라 하니라

3.
고엘과의 만남, 고엘이 되는 만남

-나의 고엘 예수님께 나의 모든 염려 맡기기를-

실의에 빠져 목이 메어 허덕이는
사방통로가 막혀 어둠에 헤매이는
온몸에 녹아내린 서러움에 목이 찰 때
헝클어진 마음을 빗으로 곱게 쓸어내려 주는
룻의 보아스
네 길을
네 짐을
너의 모든 행로를
너의 모든 염려를
다 내가 맡으마
나의 고엘 예수님

고난의 소용돌이에서 영적인 보아스[1]를
앞이 보이지 않아도 주님의 사랑이
소리 없이 우는 날 토닥거리며
살며시 다가와 널 껴안으며
손을 잡아주는 우리의 고엘[2]
나도 누군가의 보아스이기를
은혜의 날개가 되기를

성경말씀

롯기 2장 20~23

-롯이 보아스를 만나다

20 나오미가 자기 며느리에게 이르되 그가 여호와로부터 복 받기를
원하노라 그가 살아 있는 자와 죽은 자에게 은혜 베풀기를 그치지
아니하도다 하고 나오미가 또 그에게 이르되 그 사람은 우리와 가
까우니 우리 기업을 무를 자 중의 하나이니라 하니라
21 모압 여인 룻이 이르되 그가 내게 또 이르기를 내 추수를 다 마치
기까지 너는 내 소년들에게 가까이 있으라 하더이다 하니

---

1 보아스/과부된 나오미와 며느리 롯의 '기업 무를 자' 고엘이 됨
2 고엘/구속자, 기업 무를 자, 내 빚을 갚아줄 자, 영적인 고엘 하나님.

22 나오미가 며느리 룻에게 이르되 내 딸아 너는 그의 소녀들과 함
   께 나가고 다른 밭에서 사람을 만나지 아니하는 것이 좋으니라
   하는지라
23 이에 룻이 보아스의 소녀들에게 가까이 있어서 보리 추수와 밀
   추수를 마치기까지 이삭을 주우며 그의 시어머니와 함께 거주하
   니라

4.
쉼이 있는 행복

-쉼이 필요한 여인, 편히 쉴 곳을 주신 주님-

6일의 쉼 없는 창조로
쉴 곳을 만들어 주셨네
아름다운 들녘의 넓은 정원에서
우린 맘껏 누리며 기도만 하면 될걸
시키는 말씀대로 따르기만 하면 될걸
주신 것으로는 사는 게 힘들다고
감사의 기도가 벅차다고
사랑을 기다리기가 지친다고
더 달라고 소리를 지르는 우리
그래도 주님은 가만히 듣고 계시네

주님이 주신 모든 것을 잃어버리고

보리 한 에바[1]를 그리며 돌아온 나오미[2]

너를 복되게 해야 하지 않겠니

룻을 향한 간절한 나오미의 사랑

낯선 이삭을 줍는 룻의 경배

주님의 시간 속 날개의 이삭을 붙들고

세마포[3]와 함께 깨어날 보아스를 기다리며

말없이 말씀의 기다림으로 행하는 룻

보아스의 옷자락에 예수님의 향기가

-이규왕 목사님

성경말씀

---

1 에바/성경에서 고체의 부피를 측정하는 단위, '바구니'라는 뜻을 가진 '에바'
는 한 바구니에 넣을 정도의 양.

2 나오미/남편 엘리멜렉을 따라 베들레헴을 떠나 모압지방으로 이주한 나오
미는 남편과 두 아들, 그리고 가진 것까지 다 잃고 며느리 룻과 함께 다시 베
들레헴으로 돌아옴.

3 세마포/가는 삼실로 짠 아주 고운 삼베, 제사장, 레위인, 귀인들의 의복 재
료(보아스의 옷자락)

롯기 3장 1~9

-롯이 보아스와 가까워지다

1 룻의 시어머니 나오미가 그에게 이르되 내 딸아 내가 너를 위하여 안식할 곳을 구하여 너를 복되게 하여야 하지 않겠느냐

2 네가 함께하던 하녀들을 둔 보아스는 우리의 친족이 아니냐 보라 그가 오늘 밤에 타작 마당에서 보리를 까불리라

3 그런즉 너는 목욕하고 기름을 바르고 의복을 입고 타작마당에 내려가서 그 사람이 먹고 마시기를 다 하기까지는 그에게 보이지 말고

4 그가 누울 때에 너는 그가 눕는 곳을 알았다가 들어가서 그의 발치 이불을 들고 거기 누우라 그가 네 할 일을 네게 알게 하리라 하니

5 룻이 시어머니에게 이르되 어머니의 말씀대로 내가 다 행하리이다 하니라

6 그가 타작마당으로 내려가서 시어머니의 명령대로 다 하니라

7 보아스가 먹고 마시고 마음이 즐거워 가서 곡식 단 더미의 끝에 눕는지라 룻이 가만히 가서 그의 발치 이불을 들고 거기 누웠더라

8 밤중에 그가 놀라 몸을 돌이켜 본 즉 한 여인이 자기 발치에 누워 있는지라

9 이르되 네가 누구냐 하니 대답하되 나는 당신의 여종 룻이오니 당신의 옷자락을 펴 당신의 여종을 덮으소서 이는 당신이 기업을 무를 자가 됨이니이다 하니

5.
어둠 후에 빛이 오면

-빛은 어둠이 있음으로 존재-

넘어지고 깨어집니다
온몸으로 도사려보지만
한 치의 망설임도 없이 짓밟힙니다
세상의 잔임함에 통곡합니다
두 눈을 부릅뜨고 몸서리를 칩니다.
처절하게 발버둥 쳐봅니다
그래도 뭉개집니다

빛을 찾으려 합니다
아버지, 주님을 불러봅니다
올라갈 언덕이 보입니다
새로운 여명이 우리를 기다립니다
룻과 나오미의 어둠이 빛이 되고
나의 고엘이 우리의 고엘이

롯의 길이든 보아스의 길이든
두 손을 활짝 펴고
서로를 맞이하는 빛은
어둠을 밟고 일어납니다

룻기 3장 1 ~ 13

-롯이 보아스와 가까워지다

1 룻의 시어머니 나오미가 그에게 이르되 내 딸아 내가 너를 위하여
  안식할 곳을 구하여 너를 복되게 하여야 하지 않겠느냐
2 네가 함께 하던 하녀들을 둔 보아스는 우리의 친족이 아니냐 보라
  그가 오늘 밤에 타작 마당에서 보리를 까불리라
3 그런즉 너는 목욕하고 기름을 바르고 의복을 입고 타작마당에
  내려가서 그 사람이 먹고 마시기를 다 하기까지는 그에게 보이
  지 말고
4 그가 누울 때에 너는 그가 눕는 곳을 알았다가 들어가서 그의 발치
  이불을 들고 거기 누우라 그가 네 할 일을 네게 알게 하리라 하니
5 룻이 시어머니에게 이르되 어머니의 말씀대로 내가 다 행하리이
  다 하니라
6 그가 타작마당으로 내려가서 시어머니의 명령대로 다 하니라

29

7 보아스가 먹고 마시고 마음이 즐거워 가서 곡식 단 더미의 끝에 눕는지라 룻이 가만히 가서 그의 발치 이불을 들고 거기 누웠더라

8 밤중에 그가 놀라 몸을 돌이켜본 즉 한 여인이 자기 발치에 누워 있는지라

9 이르되 네가 누구냐 하니 대답하되 나는 당신의 여종 룻이오니 당신의 옷자락을 펴 당신의 여종을 덮으소서 이는 당신이 기업을 무를 자가 됨이니이다 하니

10 그가 이르되 내 딸아 여호와께서 네게 복 주시기를 원하노라 네가 가난하건 부하건 젊은 자를 따르지 아니하였으니 네가 베푼 인애가 처음보다 나중이 더하도다

11 그리고 이제 내 딸아 두려워하지 말라 내가 네 말대로 네게 다 행하리라 네가 현숙한 여자인 줄을 나의 성읍 백성이 다 아느니라

12 참으로 나는 기업을 무를 자이나 기업 무를 자로서 나보다 더 가까운 사람이 있으니

13 이 밤에 여기서 머무르라 아침에 그가 기업 무를 자의 책임을 네게 이행하려 하면 좋으니 그가 그 기업 무를 자의 책임을 행할 것이니라 만일 그가 기업 무를 자의 책임을 네게 이행하기를 기뻐하지 아니하면 여호와께서 살아 계심을 두고 맹세하노니 내가 기업 무를 자의 책임을 네게 이행하리라 아침까지 누워 있을지니라 하는지라

6.
빈손 인생을 위해 일하시다

-가진 것 없어도 행복할 수 있음은 은혜의 힘-

남편도 자식도 다 잃어버린

빛 하나 없는 어둠 속의 모압

다시금 돌아온 베들레헴

보리 한 에바를 얻기 위해

새벽길도 마다하지 않는데

잿더미 속에서 두 무릎을 꿇은

윌리암 케리[1]의 빈손

아무소리도, 어떤 호흡도

어떤 말씀도 들리지 않고

---

1 윌리암 케리/1793년 영국의 구두수선공 출신으로 25세의 나이에 침례교회
목사안수를 받으며 그 후 세계선교에 눈을 뜨고 인도 선교사로 감. 가족과 함
께 인도 선교 중 시련과 고난의 연속으로, 5살 아들의 죽음, 아내의 정신분
열증 등 모든 것을 잃었으나 사명과 사역의 힘과 믿음으로 일어섬. 20년 후
인도어로 벵갈로 성경번역을 하게 되지만 그 또한 대형화재로 잃게 됨. 그러
나 또다시 빈손인생을 은혜의 힘으로 믿고 다시 일어서서 다시금 인도어 성
경번역을 완성하게 됨.

하나님 사랑도 잡히질 않는데
가진 것 없어도 행복할까

그래도 빈손을 극복할 수 있는
더 좋은 것으로 채워주실 믿음으로
일상적인 길이, 그 무거운 길이
보리 여섯 봉을 안고 걷는 새벽길이
따뜻한 길, 가벼운 길, 새로운 길이 됨을
나오미와 룻의 희망과 소망은
온전한 사랑이 두려움을 쫓으니
기다리리라 빈손으로
네가 누구냐
내가 니 말대로 다 행하리라
오늘 이 일을 성취하기 전에는 쉬지 않는
믿음과 신뢰의 끈을 놓지 않는다면
가진 것 없어도 행복할 것을

룻기 3장 14~18

-룻이 보아스와 가까워지다

14 룻이 새벽까지 그의 발치에 누웠다가 사람이 서로 알아보기 어
려울 때에 일어났으니 보아스가 말하기를 여인이 타작마당에 들
어온 것을 사람이 알지 못하여야 할 것이라 하였음이라
15 보아스가 이르되 네 겉옷을 가져다가 그것을 펴서 잡으라 하매
그것을 펴서 잡으니 보리를 여섯 번 되어 룻에게 지워주고 성읍
으로 들어가니라
16 룻이 시어머니에게 가니 그가 이르되 내 딸아 어떻게 되었느냐
하니 룻이 그 사람이 자기에게 행한 것을 다 알리고
17 이르되 그가 내게 이 보리를 여섯 번 되어 주며 이르기를 빈손으
로 네 시어머니에게 가지 말라 하더이다 하니라
18 이에 시어머니가 이르되 내 딸아 이 사건이 어떻게 될지 알기까
지 앉아 있으라 그 사람이 오늘 이 일을 성취하기 전에는 쉬지 아
니하리라

7.
아무개로 남지 마라

-기업을 무를 자, 고엘이 되기를-

누구의 실수를 기꺼이 껴안으며
하하 웃음으로 응답하는
102세[1] 의 숭고미
욕심의 그릇엔 행복을
담을 자리가 없음을
처음은 기업을 무르리라
나중은 무르지 못하겠노라
자신의 이익에 치우쳐 손을 내젖는 아무개

아무개의 무의미한 고엘이

---

1 김형석/1920년생인 102세의 연세대 철학과 명예교수 김형석은 신실한 크리스찬. 2021년 1월 29일 중앙일보기사 종교전문기자와의 대담에서 '이기주의와 행복은 공존할 수 없다'라는 말을 남김.(항공사에서 티켓팅 중, 나이 항목에는 두 자리 수 99세까지만 기억이 되어있기에 102세의 나이는 컴퓨터로 처리가 되지 않아 만 1세로 입력이 되었고, 1세의 나이로는 발권이 되지 않는다는 말을 듣고는 "내가 새롭게 태어나는구나" 라며 하하 웃음을 보내며 1세인 것에 기쁨을 느꼈다 라는 일화로써 나의 욕심보다는 타인의 실수에도 웃음을 보낼 수 있는 넉넉한 마음을 말함)

보아스에겐 기다림의 고엘이
성문 앞 아고라[2]로 모은 증인들
손에 땀을 쥐며 고엘이 되기를
하나님의 은밀한 손길 '마침'을
기다리는 보아스
무가치의 아무개가 아니라
은혜와 날개의 의미가 되기를
이름도, 존재의 의미도
그 어떤 사명도 없는
이기적 고엘, 아무개가 아니 되기를

성경말씀

롯기 4장 1~6

-룻이 보아스와 결혼하다

1 보아스가 성문으로 올라가서 거기 앉아 있더니 마침 보아스가 말
  하던 기업 무를 자가 지나가는 지라 보아스가 그에게 이르되 아무

---

2 아고라/고대 그리스 도시국가의 광장으로 민회나 재판, 상업, 사교 등의 다
  양한 활동이 이루어졌던 곳.

개여 이리로 와서 앉아라 하니 그가 와서 앉으매

2 보아스가 그 성읍 장로 열 명을 청하여 이르되 당신들은 여기 앉으라 하니 그들이 앉으매

3 보아스가 그 기업 무를 자에게 이르되 모압 지방에서 돌아온 나오미가 우리 형제 엘리멜렉의 소유지를 팔려하므로

4 내가 여기 앉은 이들과 내 백성의 장로들 앞에서 그것을 사라고 네게 말하여 알게 하려 하였노라 만일 네가 무르려면 무르려니와 만일 네가 무르지 아니하려거든 내게 고하여 알게 하라 네 다음은 나요 그 외에는 무를 자가 없느니라 하니 그가 이르되 내가 무르리라 하는지라

5 보아스가 이르되 네가 나오미의 손에서 그 밭을 사는 날에 곧 죽은 자의 아내 모압 여인 룻에게서 사서 그 죽은 자의 기업을 그의 이름으로 세워야 할지니라 하니

6 그 기업 무를 자가 이르되 나는 내 기업에 손해가 있을까 하여 나를 위하여 무르지 못하노니 내가 무를 것을 네가 무르라 나는 무르지 못하겠노라 하는 지라

8.
바닥을 딛고 일어서다

-복되게 하시는 손길로 바닥을 딛고 일어서게 하시는 주님-

고엘이 되기를 기다리는 보아스
신발을 벗어준 아무개
감사의 존재인 바닥[1]에서
하나님 은혜의 날개를 달고
나오미와 룻의 기쁨
바닥을 희망으로
바닥을 감사함으로
찬양으로 일어나는
요셉도 다윗도 사도바울도

---

1 정호승/시인 정호승은 '바닥은 감사의 존재다'라는 작품에서 바닥은 나로 하여금 주저앉게 하기 위해 존재하는 것이 아니라 일어서게 하기 위해 존재하는 거다 바닥이 있기 때문에 바닥을 딛고 일어설 수 있는 거라며 만약 바닥이 없다면 딛고 일어설 존재조차 없는 것이며 바닥은 어디까지나 감사와 축복의 존재이지 불행과 파괴의 존재가 아니었다.라고 말했다(바닥을 바닥이라 생각하면 바닥일 뿐이지만 희망이라 생각하면 바닥은 희망이 된다 라는 의미를 내포)

바닥에서 경배를
바닥에서 찬양을
바닥에서 거룩함으로
은밀한 은혜의 손길을 믿기에

고엘을 복덩이로 껴안는 보아스를
나오미에게 복덩이 룻을
룻에게 거룩함의 씨앗 오벳[2]을
바닥을 거룩의 발판으로
불가능을 가능케 하시는 아버지
우리의 바닥은 언제였을까
나의 바닥은 언제일까
바닥을 딛고 일어나는
누가 나의 복덩이가
나도 누군가의 복덩이기를

2 오벳/룻과 보아스는 오벳을 낳고 오벳은 이새를 낳고 이새는 다윗을 낳음

룻기 4장 13~22

-룻이 보아스와 결혼하다

13 이에 보아스가 룻을 맞이하여 아내로 삼고 그에게 들어갔더니
   여호와께서 그에게 임신하게 하시므로 그가 아들을 낳은지라
14 여인들이 나오미에게 이르되 찬송할지로다 여호와께서 오늘 네
   게 기업 무를자가 없게 하지 아니 하셨도다 이 아이의 이름이 이
   스라엘 중에 유명하게 되기를 원하노라
15 이는 네 생명의 회복자이며 네 노년의 봉양자라 곧 너를 사랑하
   며 일곱 아들보다 귀한 네 며느리가 낳은 자로다 하니라
16 나오미가 아기를 받아 품에 품고 그의 양육자가 되니
17 그의 이웃 여인들이 그에게 이름을 지어 주되 나오미에게 아들
   이 태어났다 하여 그의 이름을 오벳이라 하였는데 그는 다윗의
   아버지인 이새의 아버지였더라
18 베레스의 계보는 이러하니라 베레스는 헤스론을 낳고
19 헤스론은 람을 낳았고 람은 암미나답을 낳았고
20 암미나답은 나손을 낳았고 나손은 살몬을 낳았고
21 살몬은 보아스를 낳았고 보아스는 오벳을 낳았고
22 오벳은 이새를 낳고 이새는 다윗을 낳았더라

9.
말씀의 맛, 말씀의 능력

-성경을 가까이, 하나님께로 가까이-

코로나의 여파로 영의 호흡을 잃고
작은 기도의 간절함도
한 줄 말씀의 갈급함도
성도들과의 작은 교류조차도
말씀의 맛을 잃고 사는
말씀의 능력을 잊고 사는
매일 사랑을 먹고
어제도 기도로 숨을 쉬며
오늘도 성령의 능력으로
하루를 버티며 연명하던
시간을 찾아 오늘도 말씀을 따라 떠돈다

꿀보다 달콤한 말씀이 아닐지라도
순간의 유혹이 내 손을 끌어당기더라도

영혼에 말씀이 닿지 않는
영적 기근에 흔들리더라도
쓴 약이 내 몸에 피와 살이 되듯
쓴 말씀이 내 맘에 거룩의 능력으로
영혼의 사명으로 영의 식탁에 나아가
말씀에 맛의 향기로, 능력의 향기로
내 길에 빛으로
의지하며 일어나기를

성경말씀

시편 119편 103~105

103 주의 말씀의 맛이 내게 어찌 그리 단지요 내 입에 꿀보다 더 다
　　나이다
104 주의 법도들로 말미암아 내가 명철하게 되었으므로 모든 거짓
　　행위를 미워하나이다
105 주의 말씀은 내 발의 등이요 내 길에 빛이니이다

10.
으뜸이 되고자 하는 자에게

-참 으뜸이 되는 사람은 말없이 섬기는 사람-

으뜸은 내가 되는 것이 아니기에
내가 으뜸이라고 떠드는 것이 아니기에
으뜸은 욕심이 아니기에
12제자의 작은 행보에 무너지는 예수님
우편의 자리이든 좌편의 자리이든
자리 욕망에 개의치 말기를
세속적 욕심의 으뜸이 아니라
종이 되고 섬기며
작아지는 겸손으로
실행함으로 주어지는
으뜸이기에
내가 걸어가는 이 길이 어떤 길인지
으뜸의 길인지
섬김의 길인지

종의 길인지
어떤 길이 기쁨의 길인지
말씀의 갈망으로
거룩함의 갈망으로
종으로 섬김으로
사랑의 사명을 행함으로의 으뜸을

성경말씀

마가복음 10장 35~45

-야고보와 요한이 구하는 것

35 세배대의 아들 야고보와 요한이 주께 나아와 여짜오되 선생님
   이여 무엇이든지 우리가 구하는 바를 우리에게 하여 주시기를 원
   하옵나이다
36 이르시되 너희에게 무엇을 하여 주기를 원하느냐
37 여짜오되 주의 영광중에서 우리를 하나는 주의 우편에, 하나는
   죄편에 앉게 하여 주옵소서
38 예수께서 이르시되 너희는 너희가 구하는 것을 알지 못하는도다
   내가 마시는 잔을 너희가 마실 수 있으며 내가 받는 세례를 너희
   가 받을 수 있느냐

39 그들이 말하되 할 수 있나이다 예수께서 이르시되 너희는 내가
   마시는 잔을 마시며 내가 받는 세례를 받으려니와
40 내 좌우편에 앉는 것은 내가 줄 것이 아니라 누구를 위하여 준비
   되었든지 그들이 얻을 것이니라
41 열 제자가 듣고 야고보와 요한에 대하여 화를 내거늘
42 예수께서 불러다가 이르시되 이방인의 집권자들이 그들을 임의
   로 주관하고 그 고관들이 그들에게 권세를 부리는 줄을 너희가
   알거니와
43 너희 중에는 그렇지 않을지니 너희 중에 누구든지 크고자 하는
   자는 너희를 섬기는 자가 되고
44 너희 중에 누구든지 으뜸이 되고자 하는 자는 모든 사람의 종이
   되어야 하리라
45 인자가 온 것은 섬김을 받으려 함이 아니라 도리어 섬기려 하고
   자기 목숨을 많은 사람의 대속물로 주려 함이니라

11.
보기를 원하나이다

-맹인 바디매오가 고침을 받다-

육안肉眼의 어두움에 목마른 이들을
성령의 가르침으로 손을 내민 송암[1]
심안心眼의 밝음으로 길을 열어주니
은혜로 받은 영의 눈으로 빛을 발하네
내게 어두움이 올지라도
사랑으로 꿈과 희망의 영안으로

보기를 원하는 소망을 안고
소중한 헐거운 겉옷을 벗어 던지고

---

1 송암 박두성/1888-1963. 송암 박두성은 제생원 맹아부 교사로서 취임 후,
일어 점자로만 교육을 해야 하는 것에 불만을 가져오다가 1920년부터 한글
점자연구에 착수함. 1923년 1월 비밀리에 조선어점자연구위원회를 조직하
는 등 7년간의 연구를 거쳐 1926년 "훈맹정음"이라 불리는 한글 점자를 완
성. 그리스도의 본질적 영안이 열려야지만 행복해질 수 있다는 소망을 안고
훈맹정음訓盲正音·신약성서·성경전서점역을 저술함. 송암은 서서히 자신도
시각장애인이 되어가고 있음을 알면서도 하던 일을 멈추지 않고 육안을 잃어
버린 시각장애인들에게 심안을 열게 해주기 위한 신념으로 일관함

다윗의 자손을 부르짖는 바디매오[2]
영적 무지, 영적 무능력의
세속적 욕망에 갇힌
12제자의 어리석은 제지

나를 불쌍히 여기소서
나는 아무것도 할 수 없음을
하나님의 힘이었음을
하나님의 힘임을
하나님의 힘으로만이
간절한 고백의 기도를

---

2 바디매오/맹인거지인 바디매오는 비록 거지로서의 참담한 삶을 살아가지
만 예수님의 능력을 붙잡고 추위를 막을 수 있는 소중한 겉옷까지도 벗어 던
지고 "다윗의 자손 예수여 나를 불쌍히 여기소서"라며 예수님 앞으로 나아
감(나사렛예수를 '다윗의 자손 예수여'라고 부르짖음은 예수님이 메시아임
을 선포)

마가복음 10장 46~52

-맹인 바디매오가 고침을 받다

46 그들이 여리고에 이르렀더니 예수께서 제자들과 허다한 무리와 함께 여리고에서 나가실 때에 디매오의 아들인 맹인 거지 바디매오가 길가에 앉았다가

47 나사렛 예수시란 말을 듣고 소리 질러 이르되 다윗의 자손 예수여 나를 불쌍히 여기소서 하거늘

48 많은 사람이 꾸짖어 잠잠하라 하되 그가 더욱 크게 소리 질러 이르되 다윗의 자손이여 나를 불쌍히 여기소서 하는지라

49 예수께서 머물러 서서 그를 부르라 하시니 그들이 그 맹인을 부르며 이르되 안심하고 일어나라 그가 너를 부르신다 하매

50 맹인이 겉옷을 내버리고 뛰어 일어나 예수께 나아오거늘

51 예수께서 말씀하여 이르시되 네게 무엇을 하여 주기를 원하느냐 맹인이 이르되 선생님이여 보기를 원하나이다

52 예수께서 이르시되 가라 네 믿음이 너를 구원하였느니라 하시니 그가 곧 보게 되어 예수를 길에서 따르니라

12.
내가 디딘 발자국이 뒷사람의 길이 되다

-참인 내 신앙의 행로-

허상을 좇는 유대인
표적만을 믿으며
덕지덕지 박혀있는
서글프고 어리석은 믿음으로
로마 지배를 벗어나고자
호산나1를 외치네
그들의 욕구에 눈을 감는 예수님
십자가에 못 박아라 소리치니
우직함으로 걸어가는 이 길이
이미 예비하신 길임을

준비하신 약속의 말씀에

---

1 호산나/'구하옵나니, 이제 구원하소서' 하나님을 찬양하는 말

멍에의 나귀새끼에 몸을 싣고
말씀의 성취를 붙잡으며
신뢰와 믿음으로 이겨내고 버티니
내가 너희를 고아로 만들지 않으니
말씀의 향기에, 말씀의 성취에
나 또한 우직함으로
예수님의 발자국을 따라
주께 더 가까이 나아갈 수 있기를

성경말씀

마가복음 11장 1~10

-예루살렘에 들어가시다

1 그들이 예루살렘에 가까이 와서 감람산 벳바게와 베다니에 이르
렀을 때에 예수께서 제자 중 둘을 보내시며
2 이르시되 너희는 맞은 편 마을로 가라 그리로 들어가면 곧 아직
아무도 타보지 않은 나귀새끼가 매여 있는 것을 보리니 풀어 끌
고 오라
3 만일 누가 너희에게 왜 이렇게 하느냐 묻거든 주가 쓰시겠다 하라
그리하면 즉시 이리로 보내리라 하시니

4 제자들이 가서 본즉 나귀새끼가 문 앞 거리에 매여 있는지라 그 것을 푸니

5 거기 서 있는 사람 중 어떤 이들이 이르되 나귀새끼를 풀어 무엇을 하려느냐 하매

6 제자들이 예수께서 이르신 대로 말한대 이에 허락하는지라

7 나귀새끼를 예수께로 끌고 와서 자기들의 겉옷을 그 위에 얹어 놓으매 예수께서 타시니

8 많은 사람들은 자기들의 겉옷을, 또 다른 이들은 들에서 벤 나뭇가지를 길에 펴며

9 앞에서 가고 뒤에서 따르는 자들이 소리 지르되 호산나 찬송하리로다 주의 이름으로 오시는 이여

10 찬송하리로다 오는 우리 조상 다윗의 나라여 가장 높은 곳에서 호산나 하더라

13.
만민이 기도하는 집이라

-새롭게 태어나는 성전이 되길-

로마 치하에 허덕이는 유대인
예루살렘성전 앞에서
제사장들의 착취와 속임수
거짓된 사랑으로 일삼는 횡포
또 한 번의 내침
평화의 성전이 강도의 소굴로
예수님의 통곡이
수도원의 쓰레기는 곧 자신이라며
홀연히 숨어버리는
젊은 나그네[1]의 순결함
예수님의 거룩한 눈물이

---

1 젊은 나그네/신실하고 순수한 젊은이로서 수도원에 입교하게 되고 신부님
의 요청으로 수도원 청소를 맡게 된다. 그 후 청소할 곳이 없을 정도로 깨끗
한 수도원을 보고 젊은이는 자신이 곧 쓰레기라는 자책을 하며 자신을 수도
원에서 치워/떠나버리는 순수한 청년

하나님 앞에서 우리는
결국 하나인 것을
사소한 하나의 미물일 뿐
세상의 욕심을 온몸에 휘감고
정작 내뿜어야 할 향기는
성전 앞에서 문을 닫아버리고
하나 둘 떠나버리니
외로이 눈물 흘리며
나를 보고 슬퍼하시는 하나님
우리를 보고 통곡하시는 예수님
우리에게 눈물을 주소서
진정한 눈물을
새살이 돋아나 주께로 향하는
거룩한 눈물의 회개를
간절한 기도의 성전을

성경말씀

마가복음 11장 15~19

-성전을 깨끗하게 하시다

15 그들이 예루살렘에 들어가니라 예수께서 성전에 들어가사 성전 안에서 매매하는 자들을 내쫓으시며 돈 바꾸는 자들의 상과 비둘기 파는 자들의 의자를 둘러엎으시며
16 아무나 물건을 가지고 성전 안으로 지나다님을 허락하지 아니하시고
17 이에 가르쳐 이르시되 기록된 바 내 집은 만민이 기도하는 집이라 칭함을 받으리라고 하지 아니하였느냐 너희는 강도의 소굴로 만들었도다 하시매
18 대제사장들과 서기관들이 듣고 예수를 어떻게 죽일까 하고 꾀하니 이는 무리가 다 그의 교훈을 놀랍게 여기므로 그를 두려워함일러라
19 그리고 날이 저물매 그들이 성 밖으로 나가더라

14.
무덤의 돌이 옮겨졌다 / 부활주일

-예수님의 부활-

거대한 돌이 앞을 가로막는다 해도

싸늘한 시신이라도 보고자 하는 간절함에

죽음의 향유를 바르기 위해

예수님을 찾은 세 여인[1]의 애절함

죽음의 돌은 무너지고 옮겨지고

영생을 맞이하는 부활과 함께

악령에 시달리다 고침 받은

창기 막달라 마리아에게로

향하시니

죽음의 돌을 치워 아픔의 돌을 치워

사랑으로 발라주시네

---

1 세 여인/예수님의 어머니 마리아, 창기 출신 막달라 마리아, 사도 요한과 사
  도 야고보의 어머니(세 여인은 예수님의 죽음 약속에도 실망하지 않고 무덤
  가에 향품을 들고 좇아간 여인들)

힘겨워 두려움에 떨고 있는
찢어진 마음 갈 곳 몰라 헤매는
우리의 절박한 기도에
아픔과 두려움의 걸림돌을 치우고
따뜻한 벗이 되어
사랑으로 다시 채워주시는
부활의 예수님을 만나
주의 성전을 눈물로 적셔
부활신앙의 거울로
영적인 잠에서 깨어나리라

성경말씀

마가복음 16장 1~11

-살아나시다

1 안식일이 지나매 막달라 마리아와 야고보의 어머니 마리아와 또
  살로메가 가서 예수께 바르기 위하여 향품을 사다 두었다가
2 안식 후 첫날 매우 일찍이 해 돋을 때에 그 무덤으로 가며
3 서로 말하되 누가 우리를 위하여 무덤 문에서 돌을 굴려 주리요
  하더니

4 눈을 들어본즉 벌써 돌이 굴려져 있는데 그 돌이 심히 크더라

5 무덤에 들어가서 흰 옷을 입은 한 청년이 우편에 앉은 것을 보고 놀라매

6 청년이 이르되 놀라지 말라 너희가 십자가에 못 박히신 나사렛 예수를 찾는구나 그가 살아나셨고 여기 계시지 아니하니라 보라 그를 두었던 곳이니라

7 가서 그의 제자들과 베드로에게 이르기를 예수께서 너희보다 먼저 갈릴리로 가시나니 전에 너희에게 말씀하신 대로 너희가 거기서 뵈오리라 하라 하는지라

8 여자들이 몹시 놀라 떨며 나와 무덤에서 도망하고 무서워하여 아무에게 아무 말도 하지 못하더라

9 예수께서 안식일 첫날 이른 아침에 살아나신 후 전에 일곱 귀신을 쫓아내어 주신 막달라 마리아에게 먼저 보이시니

10 마리아가 가서 예수와 함께하던 사람들이 슬퍼하며 울고 있는 중에 이 일을 알리매

11 그들은 예수께서 살아나셨다는 것과 마리아에게 보이셨다는 것을 듣고도 믿지 아니하더라

15.
열매 맺는 신앙

-절대 믿음, 절대 기도, 절대 용서-

이파리만 무성해 보기는 좋을지라도
때에 맞춰 여물어지지 않는 무화과나무처럼
빈 영의 껍데기를 품은 신앙으로
오물투성이, 추악투성이 지도자들
저주의 씨앗을 뿌리지만
그래도 치유의 징계로
회복의 징계로 이끄는 하나님

헤어날 길 없는 깊은 상처로
피폐해진 내 모습에
삶의 끈을 놓고 싶을 때
나보다도 더 깊은 수렁에 빠진

한 그루 나무[1]의 의연함에

고개 숙여 참회하는

기도의 열매, 예배의 열매

사랑의 열매로

아프다고 억울하다고

미워하고 원망하고 저주한다면

결코 치유되지 않을 황폐한 시간들

친구의 잘못을 모래에 새기며

용서의 바람으로 날려버리는[2]

믿음, 기도, 용서의 힘으로

---

1 나무의사 우종영/나무를 지극히 사랑하는 나무의사. "나는 나무처럼 살고 싶
  다"라는 저서에서, 자신의 거듭되는 인생의 절벽, 실패의 연속인 초라한 삶
  의 문턱에서 북한산 정상에 올라가 삶의 끈을 놓으려는 충동의 순간에 놓였
  을 때 앞에 서 있는 나무가 눈에 들어왔다. 그 나무가 말하기를 '나도 이렇게
  사는데 어째 죽으려 하느냐' (아무리 힘이 들어도 포기하지 않고 한 곳에 뿌
  리를 내리고 모든 풍파를 견뎌내는 나무의 초연함)나무에게서 인생의 의미
  를 깨닫게 되고 한없이 부끄러워짐을 느낌(나무를 통해 우리는 창조주 하나
  님의 영적이 메시지를 알게 됨)

2 두 친구의 이야기/사막을 여행하는 두 친구의 이야기(친구가 나에게 행한 잘
  못은 모래에 새겨 바람에 날려버리고 또 친구가 나에게 좋은 일을 행했을 땐
  바위 위에 새겨 영원히 지워지지 않도록 했다는 설)

마가복음 11장 12~14/20~25

-무화과나무에 이르시다

12 이튿날 그들이 베다니에서 나왔을 때에 예수께서 시장하신지라
13 멀리서 잎사귀 있는 한 무화과나무를 보시고 혹 그 나무에 무엇이 있을까 하여 가셨더니 가서 보신즉 잎사귀 외에 아무것도 없더라 이는 무화과의 때가 아님이라
14 예수께서 나무에게 말씀하여 이르시되 이제부터 영원토록 사람이 네게서 열매를 따 먹지 못하더라 하시니 제자들이 이를 듣더라
-중략
20 그들이 아침에 지나갈 때에 무화과나무가 뿌리째 마른 것을 보고
21 베드로가 생각이 나서 여쭈오되 랍비여 보소서 저주하신 무화과나무가 말랐나이다
22 예수께서 그들에게 대답하여 이르시되 하나님을 믿으라
23 내가 진실로 너희에게 이르노니 누구든지 이 산더러 들리어 바다에 던져지라 하며 그 말하는 것이 이루어질 줄 믿고 마음에 의심하지 아니하면 그대로 되리라
24 그러므로 내가 너희에게 말하노니 무엇이든지 기도하고 구하는 것은 받은 줄로 믿으라 그리하면 너희에게 그대로 되리라
25 서서 기도할 때에 아무에게나 혐의가 있거든 용서하라 그리하여야 하늘에 계신 너희 아버지께서도 너희 허물을 사하여 주시리라 하시니라

16.
열린 문 교회

-하나님의 사랑으로 채워진 빌라델비아 교회-

태풍[1]의 물난리로

성도들의 무릎까지 덮쳐

차오르는 물

아무것도 아닌 듯 외면하며

두 손 모아 기도하는 아름다움은

언제나 하나님이 먼저이기에

예배당의 등대지기로

성전에 모여 예배를

순종의 믿음

기도의 믿음

사랑의 믿음으로

---

1 2015년 슈퍼태풍이 필리핀을 강타함. 그 후 물난리로 예배당 내부에 교인들의 무릎까지 물이 차올라 있는 환경에서도 주일 예배를 드리는 모습이 알려짐(최악의 상태에서도 주일 대예배를 드려야 한다는 확실한 기준이 있었음)

열린 문 교회 눈물의 기도를
영혼 구원의 축복으로
놀라운 선물로 달래주시네

그 작은 문으로 이끌려
품어주는 대로 나아가니
다윗의 집
다윗의 장막
다윗의 뿌리
예수님의 문, 열린 문으로
내게도 형제사랑의
빌라델비아 교회[2]로
하나님 성전의 기둥으로
꽃피는 은혜의 면류관을

---

2 빌라델비아교회/'형제 사랑'의 대표적인 열린 문 교회로써 예수님이 칭찬
   한 교회

성경말씀

요한 계시록 3장 7~13

-빌라델비아 교회에 보내는 말씀

7 빌라델비아 교회의 사자에게 편지하라 거룩하고 진실하사 다윗의
열쇠를 가지신 이 곧 열면 닫을 사람이 없고 닫으면 열 사람이 없
는 그가 이르시되
8 볼지어다 내가 네 앞에 열린 문을 두었으되 능히 닫을 사람이 없으
리라 내가 네 행위를 아노니 네가 작은 능력을 가지고서도 내 말
을 지키며 내 이름을 배반하지 아니하였도다
9 보라 사탄의 회당 곧 자칭 유대인이라 하나 그렇지 아니하고 거짓
말하는 자들 중에서 몇을 네게 주어 그들로 와서 네 발 앞에 절하
게 하고 내가 너를 사랑하는 줄을 알게 하리라
10 네가 나의 인내의 말씀을 지켰은즉 내가 또한 너를 지켜 시험의
때를 면하게 하리니 이는 장차 온 세상에 임하여 땅에 거하는 자
들을 시험할 때라
11 내가 속히 오리니 네가 가진 것을 굳게 잡아 아무도 네 면류관을
빼앗지 못하게 하라
12 이기는 자는 내 하나님 성전에 기둥이 되게 하리니 그가 결코 다
시 나가지 아니하리라 내가 하나님의 이름과 하나님의 성 곧 하늘
에서 내 하나님께로부터 내려오는 새 예루살렘의 이름과 나의 새
이름을 그이 위에 기록하리라
13 귀 있는 자는 성령이 교회들에게 하시는 말씀을 들을지어다

17.
주 안에 우린 하나 / 장애인 주일

-장애인에 대한 비장애인의 차별과 편견-

아픔을 질타하는 우리

곁눈질과 혀를 차며

어둠을 훔쳐보는 우리

욥[1]에게 정죄의 비수를

꽂는 친구들

그릇된 시선으로

절망을 안기며

가슴에 피멍 들게 하는 우리

하나님 말씀의 시간은

---

1 욥/'욥기'족장시대로 추정되는 때에 동방의 의로운 부자 욥은 자식을 잃고 재산을 잃고 건강을 잃고 거기에다 아내까지 가출하는 등 고난의 연속인 삶 속에서, 욥에게 닥친 아픔을 친구들은 위로는커녕 오히려 저주를 함(욥의 고난을 통해 하나님은 하늘에 있는 자들과 땅에 있는 자들과 땅 아래 있는 자들의 주이심을 가르치기 위하여 기록)

하나님의 뜻이 있기에
계획으로 행하시기에
예수님의 따뜻한 가슴으로
함께하기를
자신을 먼저 챙기는 내가 아니라
가슴으로 애틋한 기도로
장애障礙가 아니라 장애長愛[2]로
품어주는 하나가 되기를

성경말씀

요한복음 9장 1~5

-날 때부터 맹인된 사람을 고치시다

1 예수께서 길을 가실 때에 날 때부터 맹인이 된 사람을 보신지라
2 제자들이 물어 이르되 랍비여 이 사람아 맹인으로 난 것이 누구의
   죄로 인함이니이까 자기니이까 그의 부모니이까
3 예수께서 대답하시되 이 사람이나 그 부모의 죄로 인한 것이 아니
   라 그에게서 하나님이 하시는 일을 나타내고자 하심이라

---

2 '장애'를 신체적 결함이 있는 '장애障礙'가 아니라 우리가 오래 함께 사랑해
   야 하는 '장애長愛'로 받아들이자는 의미

4 때가 아직 낮이매 나를 보내신 이의 일을 우리가 하여야 하리라 밤이 오리니 그때는 아무도 일할 수 없느니라
5 내가 세상에 있는 동안에는 세상의 빛이로라

18.
나의 자녀, 나의 보물 / 어린이 날 주일

-하나님의 말씀으로 보여주는 교육-

얘, 이것 좀 해

그것 치워

너 뭐하니

공부 좀 해라

어떻게 되려고 쯔쯔

어쩌면 그것밖에 못 해

무엇이 되려고 그러니

참 한심하다

자식 키우기가 이렇게 힘들어서야

넌 아이 낳지 말고 살아

제발

얘야! 저거 좀 해 줬으면 좋겠는데

이렇게 하는 건 어때, 괜찮지 않니

수고했어, 고마워

엄만 이거 잘 모르겠는데

너 알면 가르쳐 줄래

어쩌면 이런 것씩이나

와! 놀라워

넌 역시 대단해

사랑해

멋있어

넌 하나님이 내게 주신 최상의 기적이야

어떠한 환경에서도 굳건하게 자라기를

예수님과 함께하며 단단하게 꽃피워지기를

엄마가 할 수 있는 최고의 선물인 기도로

축복의 기도를 선물할게

언제나 하나님과 가까이하기를

영원히 함께하기를

간절히 간절히 기도할게

예배소서 6장 4절

-자녀와 부모

4 또 아비들아 너희 자녀를 노엽게 하지 말고 오직 주의 교훈과 훈
 계로 양육하라

19.
나의 존경, 나의 부모님

-부모에 대한 봉양은 곧 하나님의 사랑-

어서 무, 마이 봐[1]

잔칫집으로 날 데려간 엄마

기다란 상 한쪽 귀퉁이에 앉혀놓고

연신 눈치를 보며

음식을 쥐여주던 엄마

마이 무, 어서 봐, 더 봐 하며

내 어깨를 문지르던 엄마

손님들에게 음식을 나르며

바쁘게 움직이는 순간 순간

내가 잘 먹고 있는지

멀리서 눈짓을 보내던 엄마

엄마의 그 모습이 그 목소리가

---

[1] '어서 무, 마이 봐, 더 봐' 등은 경상도(부산) 방언으로써 어서 먹어, 많이 먹어, 더 먹어 등으로 쓰임.

지금도 선한

50년이란 시간

이제사 엄마의 그리움에

고개 들어보지만

없다 어디에도 없다

우리 걱정을 안고

제대로 가시지도 못했는데

붙잡지도 못했는데

난 아무것도 한 게 없는데

끊임없이 달라고만 했는데

이제는 한 끼의 밥이라도

차려드리고 싶은데

오늘도 기도 드린다

엄마 내 걱정 하지마

내겐 예수님이 계시니까

언제나 함께 할 하나님이 계시니까

예배소서 6장 1~3

-자녀와 부모

1 자녀들아 주 안에서 너희 부모에게 순종하라 이것이 옳으니라
2 네 아버지와 어머니를 공경하라 이것은 약속이 있는 첫 계명이니
3 이로써 네가 잘 되고 땅에서 장수하리라

20.
스승, 큰 정신

-스승의 올바른 가르침과 탁월한 영적 계승-

어느 날 노엽게 화를 내시더니
어떤 날은 웃으며 화답하더니
책責없는[1] 카랑카랑한 목소리로
매서우리만치 진중한 모습으로
모자라는 날 채워주시더니
그 분의 목소리는
그 분의 모습은
내가 가고자 하는 길을 열어주신
소리 없는 앞걸음

모세와 여호수아
엘리야와 엘리사

---

1 책責없는/잘못을 꾸짖거나 나무라며 못마땅하게 여기지 않으며

바울과 디모데의 만남처럼

십자가의 정신으로

그 손 못자국을 만지는

위대한 만남이 되듯

갑절의 성령 역사를

받기를 원하며

엘리야의 가르침에

떠나기를 마다하며

자신의 옷은 찢어버리고

스승의 옷²을 붙잡는 엘리사

깨어있는 신실함에

십자가의 정신으로 영적 계승을

---

2 스승의 옷/엘리야의 겉옷으로 일평생 하나님 안에서 살아왔던 경건한 땀
이 배어 있는 신령한 예복으로써 피비린내 나는 영적 전쟁을 치렀던 군복
과 같은 옷

열왕기하 2장 1~14

－엘리야가 하늘에 올라가다

1 여호와께서 회오리바람으로 엘리야를 하늘로 올리고자 하실 때에
  엘리야가 엘리사와 더불어 길갈에서 나가더니
2 엘리야가 엘리사에게 이르되 청하건대 너는 여기 머물라 여호와
  께서 나를 뻗엘로 보내시느니라 하니 엘리사가 이르되 여호와께
  서 살아계심과 당신의 영혼이 살아있음을 두고 맹세하노니 내가
  당신을 떠나지 아니하겠나이다 하는지라 이에 두 사람이 뻗엘로
  내려가니
3 뻗엘에 있는 선지자의 제자들이 엘리사에게로 나아와 그에게 이
  르되 여호와께서 오늘 당신의 선생을 당신의 머리 위로 데려가
  실 줄을 아시나이까 하니 이르되 나도 또한 아노니 너희는 잠잠
  하라 하니라
4 엘리야가 그에게 이르되 엘리사야 청하건대 너는 여기 머물라 여
  호와께서 나를 여리고로 보내시느니라 엘리사가 이르되 여호와
  께서 살아계심과 당신의 영혼이 살아있음을 두고 맹세하노니 내
  가 당신을 떠나지 아니하겠나이다 하니라 그들이 여리고에 이르
  매
5 여리고에 있는 선지자의 제자들이 엘리사에게 나아와 이르되 여
  호와께서 오늘 당신의 선생을 당신의 머리 위로 데려가실 줄을
  아시나이까 하니 엘리사가 이르되 나도 아노니 너희는 잠잠하라
6 엘리야가 또 엘리사에게 이르되 청하건대 너는 여기 머물라 여호

와께서 나를 요단으로 보내시느니라 하니 그가 이르되 여호와께서 살아계심과 당신의 영혼이 살아있음을 두고 맹세하노니 내가 당신을 떠나지 아니하겠나이다 하는지라 이에 두 사람이 가는지라

7 선지자의 제자 오십 명이 가서 멀리 서서 바라보매 그 두 사람이 요단 가에 서 있더니

8 엘리야가 겉옷을 가지고 말아 물을 치매 물이 이리 저리 갈라지고 두 사람이 마른 땅 위로 건너더라

9 건너매 엘리야가 엘리사에게 이르되 나를 네게서 데려감을 당하기 전에 내가 네게 어떻게 할지를 구하라 엘리사가 이르되 당신의 성령이 하시는 역사가 갑절이나 내게 있게 하소서 하는지라

10 이르되 네가 어려운 일을 구하는도다 그러나 나를 네게서 데려가

시는 것을 네가 보면 그 일이 네게 이루어지려니와 그렇지 아니하
면 이루어지지 아니하리라 하고

11 두 사람이 길을 가며 말하더니 불수레와 불말들이 두 사람을 갈
라놓고 엘리야가 회오리바람으로 하늘로 올라가더라

12 엘리사가 보고 소리 지르되 내 아버지여 내 아버지여 이스라엘의
병거와 그 마병이여 하더니 다시 보이지 아니하는지라 이에 엘리
사가 자기의 옷을 잡아 둘로 찢고

13 엘리야의 몸에서 떨어진 겉옷을 주워 가지고 돌아와 요단 언덕에 서서

14 엘리야의 몸에서 떨어진 그의 겉옷을 가지고 물을 치며 이르되
엘리야의 하나님 여호와는 어디 계시니이까 하고 그도 물을 치매
물이 이리 저리 갈라지고 엘리사가 건너니라

21.
가이사의 것, 하나님의 것

-하나님의 형상대로 지어진 우리는 하나님께 바쳐진 존재-

가이사[1]에게 바치리이까

하나님께 바치리이까

가이사의 것은 가이사에게

하나님의 것은 하나님께

모든 것을 주신 주님이시라는

우문현답愚問賢答[2]의 예수님 응답에

꼬리를 내리는 바리새인과 헤롯[3]

외식과 탐욕의 음흉한 바리새인

권력으로 난무하는 헤롯당

---

1 가이사/케사르, 카이사르라고도 하며 로마 황제를 가리키는 칭호

2 우문현답/로마제국의 은전에는 황제 가이사의 형상이 새겨져 있지만 하나
  님은 그의 형상을 우리에게 새겨 놓으셨음(어리석은 질문에 현명한 대답)

3 바리새인과 헤롯/모세5경과 부활, 천사, 영의 존재를 믿는 바리새인과 모세
  5경만 믿고 주의 부활과 영의 존재를 믿지 않는 헤롯(사두개파)

착취에 허덕이는 유대민
내가 무엇을 하는 누구인지는
우월감에 취한 우매한 우리는
부족하고 또 부족한 우리는
하나님의 것임을
하나님이 주심을

내가 가진 모든 것을 지켜달라는
부끄러운 기도가 아니라
아버지의 말씀을 듣겠습니다
믿음으로 따르겠습니다
내 모습 이대로 받아주소서
아무것도 가진 것 없는
저를 주님께 올립니다
하나님과 함께하기를 원합니다

마가복음 12장13~17

-가이사에게 세금을 바치는 것

13 그들이 예수의 말씀을 책잡으려 하여 바리새인과 헤롯당 중에
서 사람을 보내매

14 와서 이르되 선생님이여 우리가 아노니 당신은 참되시고 아무도
꺼리는 일이 없으시니 이는 사람을 외모로 보지 않고 오직 진리로
써 하나님의 도를 가르치심이니이다 가이사에게 세금을 바치는
것이 옳으니이까 옳지 아니하니이까

15 우리가 바치리이까 말리이까 한대 예수께서 그 외식함을 아시고
이르시되 어찌하여 나를 시험하느냐 데나리온 하나를 가져다가
내게 보이라 하시니

16 가져왔거늘 예수께서 이르시되 이 형상과 이 글이 누구의 것이냐
이르되 가이사의 것이니이다

17 이에 예수께서 이르시되 가이사의 것은 가이사에게 하나님의 것
은 하나님에게 바치라 하시니 그들이 예수께 대하여 매우 놀랍
게 여기더라

22.
산 자의 하나님이시라

-죽은 자의 하나님이 아니라 산 자의 하나님이시다-

우월함에 취해 배척을 일삼는
모세5경만을 왜곡으로 껴안고
부활 신앙에 비수를 꽂으며
예수님을 함정으로 빠트리는 사두개파
부활은 하늘에 있는 천사와 같음을
하늘의 형상과 같음을
아브라함의 하나님
이삭의 하나님
야곱의 하나님임을
하나님 안에 있는 우리는
영원히 살아있는
하나님의 산 자임을

초라한 삶의 내 모습은

현실의 부유한 내 누림은

진정 내 삶이 아닌 것을

수많은 모래더미에 감춰진

진주알이

빛에 의해 빛을 발하듯

헝클어져 엉켜있는 듯 보이는

한 조각품[1]이

빛에 의해 새로운 의미를 만들어내듯

하나님의 빛이 내게 비추어진다면

찬란함으로 거룩함으로 빛나

영원한 산 자의 하나님과 함께임을

---

1 금속조각 작가 엄익훈/ "조각의 환영"이라는 조각작품 전시회 개인전(금속 조각을 이어 붙여 빚어낸 추상조각에 빛을 투과하여 구상적 그림과 이미지를 배경에 그려냄)에서 멀리서 보았을 때 추상화된 철제조각품 같지만 빛이 투영되면 하얀 벽면에 비추어지는 그림자에 의해 작가의 진정한 작품의 의미가 나타남(보이는 것이 전부가 아님을 말함)

성경 말씀

마가 12장 18~27

-부활 논쟁

18 부활이 없다 하는 사두개인들이 예수께 와서 물어 이르되

19 선생님이여 모세가 우리에게 써 주기를 어떤 사람의 형이 자식이
   없이 아내를 두고 죽으면 그 동생이 아내를 취하여 죽으면 그 동생
   이 그 아내를 취하여 형을 위하여 상속자를 세울지니라 하였나이다

20 칠형제가 있었는데 맏이가 아내를 취하였다가 상속자가 없이
   죽고

21 둘째도 그 여자를 취하였다가 상속자가 없이 죽고 셋째도 그렇
   게 하여

22 일곱이 다 상속자가 없었고 최후에 여자도 죽었나이다

23 일곱 사람이 다 그를 아내로 취하였으니 부활 때 곧 그들이 살아
   났을 때에 그 중에 누구의 아내가 되리이까

24 예수께서 이르시되 너희가 성경도 하나님의 능력도 알지 못하므
   로 오해함이 아니냐

25 사람이 죽은 자 가운데서 살아났을 때에는 장가도 아니가고 시
   집도 아니가고 하늘에 있는 천사와 같으니라

26 죽은 자가 살아난다는 것을 말할진대 너희가 모세의 책 중 가시
   나무 떨기에 관한 글에 하나님께서 모세에게 이르시되 나는 아브
   라함의 하나님이요 이삭의 하나님이요 야곱의 하나님이로라 하신
   말씀을 읽어보지 못하였느냐

27 하나님은 죽은 자의 하나님이 아니요 산 자의 하나님이시라 너희
   가 크게 오해하였도다 하시니라

23.
마음 다 함의 선교

-선교사 짐 엘리엇의 헌신-

창을 들이대는 에콰도르 원주민

죽음도 마다치 않는 짐 엘리엇[1]

창끝에 온몸을 찢기며

하나님의 사랑을 전하니

we are your friends[2]

주님 뜻에 맞추어 사는 나이기에

내 삶은 내 것이 아니기에

내 마음 내 목숨 내 뜻

내 힘을 다한

아름다운 사랑으로

---

1 짐 엘리엇/미국 포틀랜드의 독실한 가정에서 태어나 역동적인 선교사가 됨. 성서번역, 선교회 선교자의 활동을 하며 선교활동 중 에콰도르 원주민의 부족장에게 죽임을 당함. 총을 들고도 쏘지 않고 '우리는 친구다'라는 말을 남기고 죽음. 그 후 짐 엘리엇의 아내 엘리자베스에 의해 부족장의 참회가 이루어지고 부족장은 부족의 목자가 됨

2 we are your friends/우리는 여러분의 친구입니다

왜 이리 하셨나요

원망의 부르짖음도 없이

떨리는 고개 들어

십자가를 보는 엘리자베스[3]

사랑의 헌신으로

땅끝에서 땅끝으로 이어지는

드러내는 하나님의 사랑으로

마침내 주님의 양치기로

일어서는 에콰도르 부족장의 참회

어떤 곳에 있어도

내 행보에서 보여지고

내 언행에서 드러나는

마음 다한 선교이기에

하나님 나라에 멀지 않은 우리의 모습이기를

---

3 엘리자베스/짐 엘리엇의 아내로서 남편의 죽음 앞에서도 주저하지 않고 에
콰도르 부족에게로 나아가 거룩함으로 그들에게 주님을 영접하게 했으며 엘
리엇을 죽인 부족장을 자기 부족의 목자가 되게 이끌어 줌.

마가복음 12장 28~34

-가장 큰 계명

28 서기관 중 한 사람이 그들이 변론하는 것을 듣고 예수께서 잘 대답하신 줄을 알고 나아와 묻되 모든 계명 중에 첫째가 무엇이니이까

29 예수께서 대답하시되 첫째는 이것이니 이스라엘아 들으라 주 곧 우리 하나님은 유일한 주시라

30 네 마음을 다하고 목숨을 다하고 뜻을 다하고 힘을 다하여 주 너의 하나님을 사랑하라 하신 것이오

31 둘째는 이것이니 네 이웃을 네 자신과 같이 사랑하라 하신 것이라 이보다 더 큰 계명이 없느니라

32 서기관이 이르되 선생님이여 옳소이다 하나님은 한 분이시오 그외에 다른 이가 없다 하신 말씀이 참이니이다

33 또 마음을 다하고 지혜를 다하고 힘을 다하여 하나님을 사랑하는 것과 또 이웃을 자기 자신과 같이 사랑하는 것이 전체로 드리는 모든 번제물과 기타 제물보다 나으니이다

34 예수께서 그가 지혜 있게 대답함을 보시고 이르시되 네가 하나님의 나라에서 멀지 않도다 하시니 그 후에 감히 묻는 자가 없더라

24.
주님을 감동시키는 자

-주님의 은혜가 나의 생존, 나의 전부-

율법에 어긋난 욕망의 겉치레

과시욕과 명예욕의 누추한 위선

사악한 계략과 병든 마음으로

스스로를 거룩이라 일컬으며

부끄러운 껍데기를 온몸에 휘감고

어떤 절실함이

어떤 간절함이

하나님 앞에서의

거룩함인지도 모른 채

나팔궤[1]의 큰 울림에

거들먹거리는 서기관들

주님의 거룩한 분노

---

1 나팔궤=놋쇠/헌금함

부끄러워 고개 숙이는

한 과부의 초라한 놋쇠 소리

랩돈 2개가 전부인 그녀에게

미소를 보내는 예수님

주님의 은혜에

나의 생존, 나의 전부를

수줍게 올리는 애절함에

작은 자가 천 명을 이루겠고

약한 자가 강국을 이룰 것이니

우리에게 보내는 주님의 메시지

나 여호와가 속히 이르리라

성경말씀

마가복음 12장 38 ~ 44

-서기관들을 삼가라

38 예수께서 가르치실 때에 이르시되 긴 옷을 입고 다니는 것과 시
   장에서 문안 받는 것과
39 회당의 높은 자리와 잔치의 윗자리를 원하는 서기관들을 삼가라
40 그들은 과부의 가산을 삼키며 외식으로 길게 기도하는 자니 그

받는 판결이 더욱 중하리라 하시니라

-가난한 과부의 헌금

41 예수께서 헌금함을 대하여 앉으사 무리가 어떻게 헌금함에 돈 넣
는가를 보실 새 여러 부자는 많이 넣는데
42 한 가난한 과부는 와서 두 렙돈 곧 한 고드란트를 넣는지라
43 예수께서 제자들을 불러다가 이르시되 내가 진실로 너희에게 이
르노니 이 가난한 과부는 헌금함에 넣는 모든 사람보다 많이 넣
었도다
44 그들은 다 그 풍족한 중에서 넣었거니와 이 과부는 그 가난한 중
에서 자기의 모든 소유 곧 생활비 전부를 넣었느니라 하시니라

25.
깨어 있으라

-신실한 제자여 예수님을 따르라-

46년에 걸쳐 완성된 화려한 위선의 성전

헛것으로 가득 찬 유대인의 퇴락

하나의 돌도 남김없이 무너진 성전

거짓 선지자들의 미혹

나라와 나라의 전쟁

지진과 기근

진리의 길을 찾는 이들을 박해하며

보이는 표적表迹[1]에 신앙의 잣대를 견주며

말씀의 본질을 잃어버린 그들

말씀의 숫자 하나 문자 하나에

미혹 당하는 우리가 아니라

---

1 표적/겉으로 드러나는 자취(모습)

소리 없이 오는 그날을

언제일지 모르는 그날을

예수님이 오신다는 기쁨으로

천지는 없어지나

나의 말은 없어지지 아니하니

진리의 맘으로 무장하여

주어진 사명을 붙잡고

역사함을 행복으로

절대적 믿음으로

예수님을 맞이할 준비를

서로 사랑하며 기다리리라

깨어있는 신앙으로

성경말씀

마가복음 13장 28~37

-무화과나무 비유에서 배울 교훈

**28 무화과나무의 비유를 배우라 그 가지가 연하여지고 잎사귀를 내
면 여름이 가까운 줄 아나니**

29 이와 같이 너희가 이런 일이 일어나는 것을 보거든 인자가 가까이 곧 문 앞에 이른 줄 알라

30 내가 진실로 너희에게 말하노니 이 세대가 지나가기 전에 이 일이 다 일어나리라

31 천지는 없어지겠으나 내 말은 없어지지 아니하리라

32 그러나 그날과 그때는 아무도 모르나니 하늘에 있는 천사들도, 아들도 모르고 아버지만 아시느니라

33 주의하라 깨어있으라 그때가 언제인지 알지 못함이라

34 가령 사람이 집을 떠나 타국으로 갈 때에 그 종들에게 권한을 주어 각각 사무를 맡기며 문지기에게 깨어있으라 명함과 같으니

35 그러므로 깨어 있으라 집주인이 언제 올는지 혹 저물 때일는지, 밤중일는지, 닭 울 때일는지, 새벽일는지 너희가 알지 못함이라

36 그가 홀연히 와서 너희가 자는 것을 보지 않도록 하라

37 깨어 있으라 내가 너희에게 하는 이 말은 모든 사람에게 하는 말이니라 하시니라

26.
이때를 위함이 아니겠느냐

-하나님의 섭리를 기억하라-

학살 위기에 놓인 유대인

우리는 유대인이다

그 자리는 지금을 위한 자리이며

또 다른 길을 예비하신 아버지라며

에스더를 향한 모르드개[1]의 외침

죽음을 부여잡고

주어진 사명을 붙잡는 에스더

본인이 파놓은 덫에

참사를 맞는 하만

유대인이라는 자부심이

---

1 에스더와 모르드개/유대인 모르드개의 사촌누이 동생인 에스더(별, 빛을 비추다)는 페르시아제국 아하수에르왕의 왕후가 되었고 모르드개는 문지기로서 강직한 사람. 페르시아의 2번째 실세인 하만의 박해로 '우리는 유대인이다'라는 모르드개의 외침에 에스더는 민족을 위해 죽음을 각오하고 왕 앞에 나아가 유대인 박해를 저지시키는 일을 용기 있게 감행함.

하늘에 가 닿아
빛을 비추는 사명을 안은 에스더

아버지의 사랑에 올릴 것이 없어서
아버지의 은혜에 보답할 것이 없어서
주신 축복에 가슴 설레면서도
주신 기적에 눈물 흘리면서도
받은 사랑, 받는 사랑에
어떤 것이 내게 주어진 사명일까
지금 살아가는 이 모습이
지금 이 말씀의 글이
울림이 될 수 있다면
이때를 위함이 아닐까
기쁨의 사명으로
거룩함의 감당으로
어둠을 밝히는 별 에스더와 같이

성경말씀

에스더 4장 14~16

-에스더가 백성을 구원하겠다고 하다

14 이때에 니가 만일 잠잠하여 말이 없으면 유다인은 다른 데로 말
　미암아 놓임과 구원을 얻으려니와 너와 네 아버지 집은 멸망하리
　라 네가 왕후의 자리를 얻은 것이 이때를 위함이 아닌지 누가 알
　겠느냐 하니
15 에스더가 모르드개에게 회답하여 이르되
16 당신은 가서 수산에 있는 유다인을 다 모으고 나를 위하여 금식
　하되 밤낮 삼일을 먹지도 말고 마시지도 마소서 나도 나의 시녀
　와 더불어 이렇게 금식한 후에 규례를 어기고 왕에게 나아가리니
　죽으면 죽으리이다 하니

27.
주님께라면 아깝지 않습니다 / 맥추감사절

-나를 위해 피 흘리신 주님께 하나도 아깝지 않은 마음으로
감사의 기도를-

엄청난 양의 향유를

예수님의 머리에 붓는 한 여인

3백 데나리온의 값비싼

나드향유의 부음에

욕심으로 가득 차

눈살을 찌푸리는 가룟 유다[1]

나무라지 마라

나를 사랑하기에

그녀는 온 힘을 다하여

맘을 표현하였거늘

내가 너희들과 영원히

---

1 가룟 유다/예수님의 12제자 가운데 한 사람. 은전 서른 닢에 예수님을 배반
하고 로마 병사에게 팔아넘김.

함께할 수 없음을
내 부활에 향유를 부어주었거늘

어디까지가 감사일까
내 몸 내 마음
내 온 힘을 다해
주님께 올릴 수 있을까
기도드리며 기쁠 수 있다는
기도드리며 행복할 수 있다는
보잘것없는 날 선택해 주심에
아버지라 부를 수 있는 축복을 주심에
하나도 남김없이 다 주시는
끝도 없는 예수님의 사랑에
아깝지 않은 감사의 기도를

마가복음 14장 3~9

-예수의 머리에 향유를 붓다

3 예수께서 베다니 나병환자 시몬의 집에서 식사하실 때에 한 여자
  가 매우 값진 향유 곧 순전한 나드 한 옥합을 가지고 와서 그 옥
  합을 깨뜨려 예수의 머리에 부으니
4 어떤 사람들이 화를 내어 서로 말하되 어찌하여 이 향유를 허비
  하는가
5 이 향유를 삼백 데나리온 이상에 팔아 가난한 자들에게 줄 수 있
  었겠도다 하며 그 여자를 책망하는지라
6 예수께서 이르시되 가만둬라 너희가 어찌하여 그를 괴롭게 하느
  냐 그가 내게 좋은 일을 하였느니라
7 가난한 자들은 항상 너희와 함께 있으니 아무 때라도 원하는 대
  로 도울 수 있거니와 나는 너희와 항상 함께 있지 아니하리라
8 그는 힘을 다하여 내 몸에 향유를 부어 내 장례를 미리 준비하였
  느니라
9 내가 진실로 너희에게 이르노니 온 천하에 어디서든지 복음이 전
  파되는 곳에는 이 여자가 행한 일도 말하여 그를 기억하리라 하
  시니라

28.
넘어짐이 사명이 되다

-넘어짐은 실패의 시간이 아니라 사명 감당의 시간이다-

가진 것이 축복이 아니라

사명으로 받아들이기를

아픔이 고통이 아니라

사명으로의 깨달음을

말씀 향기의 설레는 꿈이

망상이 아니라 사명으로 여기기를

어깨에 메는 짐이 부담이 아니라

사명[1]임을

넘어지고 깨어짐이 내게 주어진

사명이라면

---

1 오프라 윈프리/영화, 도서, 방송진행자로서 세계적으로 알려져 있는 오프라 윈프리의 어린 시절은 참으로 참혹하고 불우했던 그녀의 삶의 시간들이었다. 그러나 지금은 미국을 움직이는 가장 영향력 있는 100명 중 1위로 선정되기도 한 그녀는 모든 것을 이겨내고 받아들이며 그녀의 피폐했던 삶의 시간들을 "이것이 사명이다"라는 자서전을 발간하여 변화된 삶을 기록.

기쁨으로 행복으로 승화할 수 있기를

베드로[2]의 연약한 믿음의 안타까움을

사명과 함께 다시 일으켜 세우시고

가롯 유다의 간교함에 저주를 내리니

주저앉는 삶, 허물어지는 인생

현혹되지 말고 디딤돌로 삼아

우리의 부족함에 무릎을 꿇고

기도하시는 예수님을 부여잡고

베드로의 넘어짐을 사명으로

채워주시는 사랑으로

어두운 터널 속 한 줄기 빛이 되어

내 성숙한 신앙으로 채워주시는

주님과 함께하기를

---

2 베드로/예수님의 12제자 중 한 사람으로 본명은 시몬, 예수님에 의해 베드로
(반석)라 붙여짐. 베드로는 예수님을 모른다고 세 번 부인함.

성경말씀

마가복음 14장 27~31

-베드로가 부인할 것을 예언하시다

27 예수께서 제자들에게 이르시되 너희가 다 나를 버리리라 이는
　　기록된 바 내가 목자를 치리니 양들이 흩어지리라 하였음이니라
28 그러나 내가 살아난 후에 너희보다 먼저 갈릴리로 가리라
29 베드로가 여짜오되 다 버릴지라도 나는 그러하지 않겠나이다
30 예수께서 이르시되 내가 진실로 네게 이르노니 오늘 이 밤 닭이
　　두 번 울기 전에 네가 세 번 나를 부인하리라
31 베드로가 힘 있게 말하되 내가 주와 함께 죽을지언정 주를 부인
　　하지 않겠나이다 하고 모든 제자도 이와 같이 함께 말하니라

29.
일어나라, 함께 가자

-예수님이 주시는 영적 백신메시지, 영적 게으름에서 일어
나자-

기도의 희망을 안고

겟세마네[1]로 올라가시는 예수님

기름을 짜내는 고통일지라도

기도할 동안 기다리고만 있으라며

깨어 앉아 기다리고만 있어도

우리를 향한 기대를 저버리지 않으시는

놀라운 은혜를

---

1 겟세마네/기름을 짜내는 장소 또는 틀(예루살렘 동쪽 기드론 시내 건너편, 예루살렘에서 여리고로 가는 감람산의 일부에 감람기름을 짜는 틀이 있어서 겟세마네란 지명이 붙여지고 예수께서 평소에 자주 찾아 기도하며 하나님과 대화하신 곳, 십자가를 지시기 전 마지막으로 하나님께 간절한 기도를 드린 곳이며 가룟 유다의 밀고로 로마군병과 유대인 무리들에게 체포된 장소이기도 함)

베드로, 야고보, 요한아
여기 머물러 깨어 있으라
십자가의 죽음이 심히 두려우나
침묵으로 일관하시는 아버지
아버지의 뜻에 맡기니
그것이 곧 축복이려니

시몬²아 자느냐
깨어 있으라
영적 게으름에서 일어나거라
일어나 내 손을 잡고
십자가의 길을 함께 가자
비틀거리는 방황을 떨쳐버리고
거룩한 기도의 습관으로
시험을 견디어내고 외치자
할렐루아
하나님을 찬양하자

---

2 시몬=베드로/베드로는 예수님을 만나기 전까지는 시몬이라는 이름을 사용.
  예수님의 의해 '베드로'라 불리어짐. 베드로는 '반석'이라는 의미

마가복음 14장 32 ~ 42

-겟세마네에서 기도하시다

32 그들이 겟세마네라 하는 곳에 이르매 예수께서 제자들에게 이르시되 내가 기도할 동안에 너희는 여기 앉아 있으라 하시고

33 베드로와 야고보와 요한을 데리고 가실새 심히 놀라시고 슬퍼하사

34 말씀하시되 내 마음이 심히 고민하여 죽게 되었으니 너희는 여기 머물러 깨어 있으라 하시고

35 조금 나아가사 땅에 엎드리어 될 수 있는 대로 이때가 자기에게서 지나가기를 구하여

36 이르시되 아빠 아버지여 아버지께서는 모든 것이 가능하오니 이 잔을 내게서 옮기시옵소서 그러나 나의 원대로 마시옵고 아버지의 원대로 하옵소서 하시고

37 돌아오사 제자들이 자는 것을 보시고 베드로에게 말씀하시되 시몬아 자느냐 네가 한 시간도 깨어 있을 수 없더냐

38 시험에 들지 않게 깨어있어 기도하라 마음에는 원이로되 육신이 약하도다 하시고

39 다시 나아가 동일한 마음으로 기도하시고

40 다시 오사 보신즉 그들이 자니 이는 그들의 눈이 심히 피곤함이라 그들이 예수께 무엇으로 대답할 줄을 알지 못하더라

41 세 번째 오사 그들에게 이르시되 이제는 자고 쉬라 그만 되었다 때가 왔도다 보라 인자가 죄인의 손에 팔리느니라

42 일어나라 함께 가자 보라 나를 파는 자가 가까이 왔느니라

30.
내가 그니라

-베드로의 세 번 부인, 정체성의 혼란-

너도 그와 같은 도당이리라

나는 아니다

내가 누구인가를 부인하며

불 옆에 쪼그리고 앉은

초라한 모습의 베드로

두려운 믿음으로

우크 에이미[1]

우크 에이미

닭이 두 번 울기 전

베드로의 세 번 부인은

깨달음의 눈물을

---

1 우크 에이미/'나는 아니다'(헬라어로써 인도, 유럽에 속한 언어의 하나로 그리스 본토와 터키, 알바니아 등지에 사는 그리스인들의 언어)

너는 누구냐

침묵의 예수님

하늘의 구름을 타고 오는

내가 그니라

권능자의 우편에 앉은

에코 에이미[2]

재판관으로 다시 올

내가 그니라

권능의 하나님을 붙잡고

사명을 감당하며

나를 시인하며

침묵으로 스며드는

예수님의 성스러운 정체성에

거룩한 깨달음이

---

2 에코 에이미/헬라어로써 '내가 그니라'

마가복음 14장 53~72

-공회 앞에 서시다

53 그들이 예수를 끌고 대제사장에게로 가니 대제사장들과 장로들
   과 서기관들이 다 모이더라
54 베드로가 예수를 멀찍이 따라 대제사장의 집 뜰 안까지 들어가
   서 아랫사람들과 함께 앉아 불을 쬐더라
55 대제사장들과 온 공회가 예수를 죽이려고 그를 칠 증거를 찾되
   얻지 못하니
56 이는 예수를 쳐서 거짓 증언하는 자가 많으나 그 증언이 서로 일
   치하지 못함이라
57 어떤 사람이 일어나 예수를 쳐서 거짓 증언하여 이르되
58 우리가 그의 말을 들으니 손으로 지은 이 성전을 내가 헐고 손으
   로 짓지 아니한 다른 성전을 사흘 동안에 지으리라 하더라 하되
59 그 증언도 서로 일치하지 않더라
60 대제사장이 가운데 일어서서 예수에게 물어 이르되 너는 아무 대
   답도 없느냐 이 사람들이 너를 치는 증거가 어떠하냐 하되
61 침묵하고 아무 대답도 아니 하시거늘 대제사장이 다시 물어 이르
   되 네가 찬송 받을 이의 아들 그리스도냐
62 예수께서 이르시되 내가 그니라 인자가 권능자의 우편에 앉은 것
   과 하늘 구름을 타고 오는 것을 너희가 보리라 하시니
63 대제사장이 자기 옷을 찢으며 이르되 우리가 어찌 더 증인을 요
   구하리요

64 그 신성 모독하는 말을 너희가 들었도다 너희는 어떻게 생각하느
  냐 하니 그들이 다 예수를 사형에 해당하는 자로 정죄하고
65 어떤 사람은 그에게 침을 뱉으며 그의 얼굴을 가리고 주먹으로 치
  며 이르되 선지자 노릇을 하라 하고 하인들은 손바닥으로 치더라
  ㅡ베드로가 예수를 알지 못한다고 하더라

66 베드로는 아랫뜰에 있더니 대제사장의 여종 하나가 와서
67 베드로가 불 쬐고 있는 것을 보고 주목하여 이르되 너도 나사렛
  예수와 함께 있었도다 하거늘
68 베드로가 부인하여 이르되 나는 네가 말하는 것이 무엇인지 알지
  도 못하고 깨닫지도 못하겠노라 하며 앞뜰로 나갈새

69 여종이 그를 보고 곁에 서 있는 자들에게 다시 이르되 이 사람은 그 도당이라 하되

70 또 부인하더라 조금 후에 곁에 서 있는 사람들이 다시 베드로에게 말하되 너도 갈릴리 사람이니 참으로 그 도당이니라

71 그러나 베드로가 저주하며 맹세하되 나는 너희가 말하는 이 사람을 알지 못하노라 하니

72 닭이 곧 두 번째 울더라 이에 베드로가 예수께서 자기에게 하신 말씀 곧 닭이 두 번 울기 전에 네가 세 번 나를 부인하리라 하심이 기억되어 그 일을 생각하고 울었더라

31.
일어나 먹으라

-단잠과 따뜻한 밥상으로 영적 회복의 시간을 주시는 하나님-

왜 슬퍼하고 낙망하니

왜 걱정하고 두려워하니

아무 염려하지 마라

아합과 이세벨[1]은

너에게 아무것도 아니려니

내가 너와 함께 하리니

그 패기와 그 기백

그 용맹의 엘리야

하나님의 사명을

무가치의 고백으로

---

1 아합과 이세벨/이스라엘 왕인 악의 화신 아합 왕과 아내 이세벨은 바알신(우
  상)을 숭배하는 자들로서, 엘리야에 의해 바알신의 선지자들이 떼죽음을 당
  한다. 이에 엘리야는 이세벨에 의해 죽음의 위협을 받음(아합은 이세벨의 음
  모에 동참함을 서슴지 않음)

놓아버린 채
지쳐 쓰러져 죽임을
애원하는 엘리야

달콤한 잠으로 채워주시고
따뜻한 밥으로 달래주시니
로뎀나무[2] 그늘 아래에서
영의 바다 디베랴 바닷가[3]로
말없는 밥상의 사랑으로
다시 일으켜
40주 40야를 걸어
생명의 산 호렙[4]으로 이끄시니

---

2 로뎀나무/팔레스타인 등지의 사막의 구릉이나 암석지대, 특히 사해 부근에
  서 번성하고 그늘을 내며 크게 자라는 나무
3 디베랴 바닷가/예수님이 부활한 후 자신을 등진 제자들을 찾아가 탓하지 않
  고 '여기 와서 밥 먹어라' 라며 따뜻하게 맞아주었던 곳(영적 바닷가)
4 호렙산/모세가 신에게서 율법을 받은 곳

열왕기상 19장 1~8

-호렙 산의 엘리야

1 아합이 엘리야가 행한 모든 일과 그가 어떻게 모든 선지자를 칼로
   죽였는지를 이세벨에게 말하니
2 이세벨이 사신을 엘리야에게 보내어 이르되 내가 내일 이맘때에
   는 반드시 네 생명을 저 사람들 중 한 사람의 생명과 같게 하리
   라 그렇게 하지 아니하면 신들이 내게 벌 위에 벌을 내림이 마땅
   하리라 한지라
3 그가 이 형편을 보고 일어나 자기의 생명을 위해 도망하여 유다
   에 속한 브엘세바에 이르러 자기의 사환을 그곳에 머물게 하고
4 자기 자신은 광야로 들어가 하룻길쯤 가서 한 로뎀나무 아래에 앉
   아서 자기가 죽기를 원하여 이르되 여호와여 넉넉하오니 지금 내
   생명을 거두시옵소서 나는 내 조상들보다 낫지 못하나이다 하고
5 로뎀나무 아래에 누워 자더니 천사가 그를 어루만지며 그에게 이
   르되 일어나서 먹으라 하는지라
6 본즉 머리맡에 숯불에 구운 떡과 한 병 물이 있더라 이에 먹고 마
   시고 다시 누웠더니
7 여호와의 천사가 또 다시 와서 어루만지며 이르되 일어나 먹으라
   네가 갈 길을 다 가지 못할까 하노라 하는지라
8 이에 일어나 먹고 마시고 그 음식물의 힘을 의지하여 사십 주 사십
   야를 가서 하나님의 산 호렙에 이르니라

32.
내 속에 근심이 많을 때

-내 속에 근심이 많을 때 주의 위안이 내 영혼을 즐겁게 하
시니-

저들의 악행을 벌해주세요
저들의 만행을 심판해주세요
너희들은 가만히 있으라
언제까지 기다려야만 하나요
왜 침묵하고 계시나요
약한 자들을 보듬어주세요

아합과 이세벨에게
포도밭을 강탈당하는 나봇[1]
아버지 하나님의 잠잠함에

---

1 나봇/아합 왕 집 주변에 있는 조상의 포도밭을 운영하는 농부로서, 포도밭
  을 차지하기 위한 아합과 이세벨의 간교한 모함과 음모로 죽임을 당하는 나
  봇(그러나 하나님은 다 듣고 보고 계시기에 하나님의 분노로 비참한 죽음을
  맞는 아합과 이세벨)

낙심과 갈등에 의한 시험은
내가 듣고 있지 않으랴
내가 보고 있지 않으랴
듣지도 보지도 못하는
그들의 간교한 음모를
재앙으로, 비참한 죽음으로
깨달음의 축복을 주시니

오늘도 아귀를 벌리고
약한 이들을 삼키려는 이세벨이 있고
눈물 흘리는 나봇도 여전히 존재하니
내 영혼이 침묵 속으로 미끄러지나
창조와 치유와 위로로 일관하시며
언제나 붙들어 주시는 아버지
내일도 준비하고 계시기에
근심의 먹구름은 물러가리

                    – 이규왕 목사님

성경말씀

시편 94편 16~19

16 누가 나를 위하여 일어나서 행악자들을 치며 주가 나를 위하여
   일어나서 악행하는 자들을 칠까
17 여호와께서 내게 도움이 되지 아니하셨더면 내 영혼이 벌써 침
   묵 속에 잠겼으리로다
18 여호와여 나의 발이 미끄러진다고 말할 때에 주의 인자하심이
   나를 붙드셨사오며
19 내 속에 근심이 많을 때에 주의 위안이 내 영혼을 즐겁게 하시
   나이다

33.
분별이 절실한 시대 / 8·15 광복절을 기리며

-하나님이 주신 사명을 붙잡고 옳고 그름을 분별하는 때를-

끝없이 잔인한 인간의 욕심

위협과 술수의 비겁함

겁 없이 밑바닥을 채우는

동물 우리 안에 갇혀 거울에 비친

사나운 짐승[1]과 같은 나의 얼굴

로마 통치의 야비한 수단

빌라도의 교활한 묘수

종교기득권들의 거짓 증언에

놀림당하는 유대민

예수님을 등지는 12제자

---

1 구상/시인 구상 선생의 '가장 사나운 짐승'이라는 시에서, 미국 하와이 호놀
룰루에 거주하며 동물원에 방문했을 때 일화를 말함. '가장 사나운 짐승'이
라는 팻말을 보고 궁금증에 철창 안을 들여다보니 동물은 보이지 않고 커다
란 거울 하나가 있음에 거울을 들여다보니 사나운 짐승의 얼굴을 한 자신의
얼굴이 보임(사나운 짐승이란 곧 우리 인간이 아닐까 하는 동물원 관계자의
의도가 있음을 느끼게 됨)

아름다운 세상 앞에선

무릎을 굽혀 경배를 드리며

올곧지 못한 세상 앞에선

솟구쳐 일어나야 하는 때^{2}를

시대적 소명을 잃지 않고

민중들을 따뜻하게 품어준

옛 선지자들을 기억하는 때를

비폭력저항의 순국선열이 품은

광복의 의지를 떠올리는 때를

때를 가리는 판단의 지혜로

하나님 말씀의 거울에 비추어

옳음과 그름을 분별할 수 있기를

---

2 반칠환/시인 반칠환 선생의 "–때1" 작품에서, '무릎이 구부러지는 건 세상의
아름다움을 보았을 때 경배하라는 것이고 세상의 올곧지 못함을 보았을 때
솟구쳐 일어나라는 뜻이다'('때를 가리지 못함이 무릇 몇 번이던가' 굽힐 때
나 솟아오를 때를 알아야 한다 라고 역설함)

마가복음15장 1~15

-빌라도가 예수께 묻다

1 새벽에 대제사장들이 즉시 장로들과 서기관들 곧 온 공회와 더
  불어 의논하고 예수를 결박하여 끌고 가서 빌라도에게 넘겨주니
2 빌라도가 묻되 네가 유대인의 왕이냐 예수께서 대답하여 이르시
  되 네 말이 옳도다 하시매
3 대제사장들이 여러 가지로 고발하는 지라
4 빌라도가 또 물어 이르되 아무 대답도 없느냐 그들이 얼마나 많은
  것으로 너를 고발하는가를 보라 하되
5 예수께서 다시 아무 말씀으로도 대답하지 아니하시니 빌라도가
  놀랍게 여기더라
-십자가에 못 박히게 예수를 넘기다
6 명절이 되면 백성들이 요구하는 대로 죄수 한 사람을 놓아주는 전
  례가 있더니
7 민란을 꾸미고 그 민란 중에 살인하고 체포된 자 중에 바라바라
  하는 자가 있는지라
8 무리가 나아가서 전례대로 하여 주기를 요구한대
9 빌라도가 대답하여 이르되 너희는 내가 유대인의 왕을 너희에게
  놓아주기를 원하느냐 하니
10 이는 그가 대제사장들이 시기로 예수를 넘겨준 줄 앎이러라
11 그러나 대제사장들이 무리를 충동하여 도리어 바라바를 놓아달
  라 하게 하니

117

12 빌라도가 또 대답하여 이르되 그러면 너희가 유대인의 왕이라 하
는 이를 내가 어떻게 하랴

13 그들이 다시 소리 지르되 그를 십자가에 못 박게 하소서

14 빌라도가 이르되 어쩜이냐 무슨 악한 일을 하였느냐 하니 더욱
소리 지르되 십자가에 못 박게 하소서 하는지라

15 빌라도가 무리에게 만족을 주고자 하여 바라바는 놓아주고 예수
는 채찍질하고 십자가에 못 박히게 넘겨 주니라

34.
십자가를 따르는 삶

-나를 부인하고 예수님을 따르라-

베드로야 항변하지마라

염려하지 마라

나를 부인하지 말고

너 자신을 부인하라

염려하고 갈등하는 맘으론

십자가를 질 수 없으니

하나님이 채워주시는

십자가만을 바라보며

저 아무리 높은 곳에 있다 해도

아버지와 함께하는 곳보다 높으랴

하나님을 따르며 하나님의 뜻을 기다리면

광채로 빛나는 영광의 옷을 입으리니

세상을 따라가는 이방인이 아니라

나의 삶에 주님의 흔적 남기기를

-우승필 목사님

벌거벗은 몸으로 나무에 매달려
못으로 박히는 처참함도
새들의 먹이가 될 수 있는 공포도
교만한 로마의 참형慘刑도
하나님의 뜻이기에
망설임 없이 다 받아내는
우리의 우매함을 깨치기 위한
하나님의 계획된 사랑임을
내 육적인 욕심과 주님 성령의 충돌에
나를 부인하고 나를 꾸짖고
십자가를 따른다면
아버지는 나를 귀하게 여기시기에
내 행한 대로 받을 수 있음을

-양영수 목사님

빌립보 가이사랴[1]의 우상숭배

고난을 예고한 하나님

주여 그리 마옵소서가 아니라

주여 그리 하옵소서를

하나님보다 앞서지 않기를

내가 아니라 하나님이 행하심을

표적을 기다리는 내가 아니라

나를 부인하고 십자가를 따르는

하나님의 뜻에 순종하는

변화산[2]에서의 영광의 옷으로

승리의 옷으로 은혜의 옷으로

갈아입힘을 받으리

-박종광 목사님

---

1 빌립보 가이사랴/헤롯 대왕의 아들 헤롯 빌립이 이곳을 왕국의 수도로 정하면서 로마 황제의 이름 가이사랴와 자신의 이름인 빌립보를 더하여 가이사랴 빌립보(빌립보 가이사랴)라고 명명함(이 지역은 'pan(panic, 심리적 공황장애의 어원)'이라는 우상숭배의 중심지이기에 예수님의 고난(멸시와 조롱, 유혹 등)을 예고할 만한 하나님의 선택지이기도 함)

2 변화산(타보르산)/이스라엘 갈릴리 지역에 위치한 산. 예수님이 베드로와 야고보와 야고보의 형제 요한을 데리고 올라간 높은 산으로써 해같이 밝고 빛나는 옷과 빛으로 화하신 예수님의 모습과 또한 예수님과 모세와 엘리야가 함께 대화를 나누는 곳으로 알려짐

마태복음 16장 24~28

24 이에 예수께서 제자들에게 이르시되 누구든지 나를 따라오려거
든 자기를 부인하고 자기 십자가를 지고 나를 따를 것이니라
25 누구든지 제 목숨을 구원하고자 하면 잃을 것이오 누구든지 나를
위하여 제 목숨을 잃으면 찾으리오
26 사람이 만일 온 천하를 얻고도 제 목숨을 잃으면 무엇이 유익하
리요 사람이 무엇을 주고 제 목숨과 바꾸겠느냐
27 인자가 아버지의 영광으로 그 천사들과 함께 오리니 그때에 각
사람이 행한 대로 갚으리라
28 진실로 너희에게 이르노니 여기 서 있는 사람 중에 죽기 전에 인
자가 그 왕권을 가지고 오는 것을 볼 자들도 있느니라

35.
아직도 소망이 있나니

-우리에겐 아직도 주님을 향한 소망이 있으니-

바벨론의 남유다 백성들
고향의 그리움에
1차, 2차, 3차 귀환으로
신앙 회복의 용서의 길을 열어
돌아오게 하지만
여지없이 되풀이되는
우상숭배와 통혼의 방탕
거룩함의 파괴, 순종의 거부
가증한 일들이 극에 달하고
우리의 허물이 하늘에 미치니
얼굴을 들지 못하고 주저앉은
에스라의 먹먹한 눈물
그들의 죄악을 나의 죄로
통렬의 기도로 회개하는 에스라

아직 우리에겐 소망이 있다는

스가냐[1]의 참회

머리 조아리며 말씀을 준행하는

헌신의 기도로

멈추지 않는 눈물의 기도로

민중들도 함께 행하게 되니

영의 두 손으로 포옹을 받으리

-이성민 목사님

가증한 통혼을 일삼는 방백[2]과 고관들

에스라의 무너지는 애통

그들의 죄악의 모습에 모든 것을 내려놓고

두 손 들어 울부짖으며 자복하는 에스라

어떠한 말로도 민중들을 꾸짖지 않고

자신을 나무라며 눈물로 가슴치니

에스라의 통곡이 백성들의 가슴에 맺혀

가르침을 받으려 몰려드는 민중

---

1 스가냐/'여호와께서 거하심'이란 뜻을 가지고 있는 스가냐는 엘람의 자손인
여히엘의 아들이다. 이방여인을 아내로 맞아 자식들을 낳음. 에스라의 거룩
한 모습 앞에서 이방여인을 아내로 취했음을 자백하고 자신의 이방인 아내와
자식을 내보내야 함을 고함("이는 당신이 주장한 일이니 일어나소서 우리가
도우리니 힘써 행하소서"라고 에스라에게 말함)

2 방백方伯/관찰사, 지도자(한 지역의 절대적 권한을 가지고 있는 사람)

큰 소리로 잘못을 시인하며

우리가 도우리니 힘써 행하소서

에스랴의 울림은 스가냐에게로

스가냐의 울림이 다시 에스라에게로

온 민중에게로 떨림으로 소망으로

영원히 목마르지 않는 기도로

에스라의 거룩한 울림을 통한 부흥으로

-한준 목사님

세상이 우리에게 주는 타락과 혼란

그래도 절망에 휩쓸리지 않고

주님이 나의 소망임을 가슴에 새기며

에스라의 절절한 눈물이

마음의 회복과 회개의 확산으로

혼자만의 뿌리만 고집하지 않고

작은 나무의 뿌리를 함께 얽어매어

넘어지지 않게 붙잡아주는

깊은 심지를 가진 레드우드[3]처럼

사랑의 줄로 우리를 굳게 잡아주니

---

3 레드우드/미 켈리포니아에 있는 레드우드(나무)는 수명 2천~3천년, 길이는
  100미터 이상으로 깊이 뿌리를 박고 있는 튼튼한 나무(옆의 작은 나무를 자
  신의 뿌리로 얽어매어 같이 잘 클 수 있게끔 도와줌)

고집스럽게 얼룩진 땅이 머지않아
은총의 땅이 됨을 믿으며[4]

-박승규 목사님

성경말씀

에스라 10장 1~4

-이방 아내와 그 소생을 내쫓기로 하다

1 에스라가 하나님의 성전 앞에 엎드려 울며 기도하여 죄를 자복할
　때에 많은 백성이 크게 통곡하매 이스라엘 중에서 백성의 남녀와
　어린아이의 큰 무리가 그 앞에 모인지라
2 엘람 자손 중 여히엘의 아들 스가냐가 에스라에게 이르되 우리가
　우리 하나님께 범죄하여 이 땅 이방 여자를 맞이하여 아내로 삼았
　으나 이스라엘에게 아직도 소망이 있나니
3 곧 내 주의 교훈을 따르며 우리 하나님의 명령을 떨며 준행하는 자
　의 가르침을 따라 이 모든 아내와 그들의 소생을 다 내보내기로
　우리 하나님과 언약을 세우고 율법대로 행할 것이라

---

4 언더우드 선교사/1985년도에 한국선교사로 입국하여 교회 설립과 전도여
　행을 주로 함(현 연세대학교를 설립했으며 여러 분야에 많은 업적을 남겼고,
　그의 편지를 통한 하나의 글귀임)

4 이는 당신이 주장할 일이니 일어나소서 우리가 도우리니 힘써 행하소서 하니라

36.
내 삶의 이유, 예수 그리스도

-평화의 씨앗과 예수님의 절규-

자색 옷, 가시관에 엮어

희롱과 조롱과 비난으로

머리를 내리치고 즐거워하며

십자가의 사랑에 침을 뱉는 로마군

하나도, 일말의 가책도 없이

악의 행패에 웃음 지으며

비아냥거리는 골고다[1]의 세상

죄성罪性을 가진 우리에게

평화의 씨앗을 심으며

그때도 절규하셨던 예수님

가장 밝은 세상의 시간을

---

1 골고다/'해골'이란 뜻(예로부터 처형장소로 사용되어 해골이 많았거나 혹은 그 지역이 해골처럼 생긴 데서 유래, 예수님이 십자가에 못 박힌 곳)

흑암으로 어둠을 내리고

성소의 휘장이 찢어지고

몸이 갈라지고

엘리 엘리 라마 사박다니[2]

예수님의 절규에

우리의 허물, 우리의 죄악

내 죄를 다 가져가시니

그 몸 위에 참 평화와

참 치유가 있기에

아직도, 지금도 절규하시는

나의 예수님

예수님, 사랑해요

저도 따르렵니다, 함께 하렵니다

저도, 저도 사랑합니다

---

2 엘리 엘리 라마 사박다니/나의 하나님 나의 하나님 어찌하여 나를 버리셨
나이까

마가복음 15장 16~41

-군인들이 예수를 희롱하다

16 군인들이 예수를 끌고 브라이도리온이라는 뜰 안으로 들어가서
   온 군대를 모으고
17 예수에게 자색 옷을 입히고 가시관을 엮어 씌우고
18 경례하여 이르되 유대인의 왕이여 평안할지어다 하고
19 갈대로 그의 머리를 치며 침을 뱉으며 꿇어 절하더라
20 희롱을 다 한 후 자색 옷을 벗기고 도로 그의 옷을 입히고 십자가
   에 못 박으려고 끌고 나가니라

-십자가에 못 박히시다

21 마침 알렉산더와 루포의 아버지인 구레네 사람 시몬이 시골로부
   터 와서 지나가는데 그들이 그를 억지로 같이 가게 하여 예수의
   십자가를 지우고
22 예수를 끌고 골고다라 하는 곳(번역하면 해골의 곳)에 이르러
23 몰약을 탄 포도주를 주었으나 예수께서 받지 아니하시니라
24 십자가에 못 박고 그 옷을 나눌 새 누가 어느 것을 가질까 하여
   제비를 뽑더라
25 때가 제 삼시가 되어 십자가에 못 박으니라
26 그 위에 있는 죄폐에 유대인의 왕이라고 썼고
27 강도 둘을 예수와 함께 십자가에 못 박으니 하나는 그의 우편에,

하나는 좌편에 있더라

28 없음

29 지나가는 자들은 자기 머리를 흔들며 예수를 모욕하여 이르되 아하 성전을 헐고 사흘에 짓는다는 자여

30 네가 너를 구원하여 십자가에서 내려오라 하고

31 그와 같이 대제사장들도 서기관들과 함께 희롱하며 서로 말하되 그가 남은 구원하였으되 자기는 구원할 수 없도다

32 이스라엘 왕 그리스도가 지금 십자가에서 내려와 우리가 보고 믿게 할 지어다 하며 함께 십자가에 못 박힌 자들도 예수를 욕하더라

-숨지시다

33 제 육시가 되매 온 땅에 어둠이 임하여 제 구시까지 계속하더니

34 제 구시에 예수께서 크게 소리 지르시되 엘리 엘리 라마 사박다니 하시니 이를 번역하면 나의 하나님, 나의 하나님 어찌하여 나를 버리셨나이까 하는 뜻이라

35 곁에 섰던 자 중 어떤 이들이 듣고 이르되 보라 엘리야를 부른다 하고

36 한 사람이 달려가서 해면에 신 포도주를 적시어 갈대에 꿰어 마시게 하고 이르되 가만두라 엘리야가 와서 그를 내려주나 보자 하더라

37 예수께서 큰소리를 지르시고 숨지시니라

38 이에 성소 휘장이 위로부터 아래까지 찢어져 둘이 되니라

39 예수를 향하여 섰던 백부장이 그렇게 숨지심을 보고 이르되 이 사람은 진실로 하나님의 아들이었도다 하더라

40 멀리서 바라보는 여자들도 있었는데 그 중에 막달라 마리아와
또 작은 야고보와 요세의 어머니 마리아와 또 살로메가 있었으니
41 이들은 예수께서 갈릴리에 계실 때에 따르며 섬기던 자들이요 또
이외에 예수와 함께 예루살렘에 올라온 여자들도 많이 있었더라

하나님과 가까이 함이 내/네게 복이라

37.
십자가 앞에 선 사람들

-십자가 앞에 남아있는 세 부류의 사람들-

비웃음과 피 흘리는 골고다의 언덕

환호성을 지르며 순간을 즐기는

영적 피폐의 그들

비겁한 12제자 두려움에 흩어지고

눈물 흘리며 남아있는 몇 몇 이들

이 사람은 진실로 하나님의 아들이다

큰 소리로 외치는 로마백부장의

놀라운 고백은

피눈물로 고난을 짊어진 예수님 앞에서

사울이 사도바울[1]이 되는 기적으로

믿음의 변화와 믿음의 역사가 일어나니

---

1 사도바울/기독교 최초로 이방인에게 복음을 전한 바울은 열렬한 유대교도로
서, 기독교를 박해하러 가다가 다마섹에서 예수의 음성을 듣고 회심하여 예
수님을 향한 믿음으로 전 생애를 전도에 힘쓰고 각 지에 교회를 세웠다.(예수
님을 만나기 전의 이름은 '사울')

언제나 묵묵히 처연하게
예수님의 모든 행로를 함께한 여인들
십자가에서 무덤으로 부활까지
절절한 눈물로
애통의 가슴을 부여잡고
보이지 않는 헌신으로
몸과 맘의 섬김으로
한 점 부끄럼 없는 기도로
주신 사랑과 주신 은혜를
십자가에 대한 보답으로
예수님과 함께하기를

하나님의 나라를 기다리며
빌라도에게
예수님의 시체를 달라
요청하는
아리마대 요셉의 담대함
유대인의 학대가 두려워
가진 것 잃을 것이 두려워
하나님의 아들이라고
용기있게 고백하지 못한
초라한 내가 아니라

모든 세속적 갈등을 털어버리고
내가 하나님의 딸이다
내가 하나님의 아들이다
당당하게 선포할 수 있는
믿음의 자랑거리로
거룩한 빛의 모습으로
아리마대 요셉과 같이

성경말씀

마가복음 15장 39~47

39 예수를 향하여 섰던 백부장이 그렇게 숨지심을 보고 이르되 이
  사람은 진실로 하나님의 아들이었도다 하더라
40 멀리서 바라보던 여자들도 있었는데 그 중에 막달라 마리아와
  또 작은 야고보와 요새의 어머니 마리아와 또 살로메가 있었으니
41 이들은 예수께서 갈리리에 계실 때에 따르며 섬기던 자들이요
  또 이 외에 예수와 함께 예수와 함께 예루살렘에 올라온 여자들
  도 많이 있었더라

-요셉이 예수의 시체를 무덤에 넣어두다

42 이 날은 준비일 곧 안식일 전 날이므로 저물었을 때에

43 아리마대 사람 요셉이 와서 당돌히 빌라도에게 들어가 예수의 시체를 달라하니 이 사람은 존경 받는 공회원이요 하나님의 나라를 기다리는 자라

44 빌라도는 예수께서 벌써 죽었을까 하고 이상히 여겨 백부장을 불러 죽은 지가 오래냐 묻고

45 백부장에게 알아본 후에 요셉에게 시체를 내주는지라

46 요셉이 세마포를 사서 예수를 내려다가 그것으로 싸서 바위 속에 판 무덤에 넣어두고 돌을 굴려 무덤 위에 놓으매

47 막달라 마리아와 요새의 어머니 마리아가 예수 둔 곳을 보더라

38.
축복

-제사장의 축복, 나를 통한 주님의 축복이 나눔이 되기를-

아브라함의 믿음, 이삭의 순종

야곱의 열정, 모세의 통솔력,

다윗의 용기

제 각기에 주어진 사명으로

하나님 사랑의 얼굴로 쓰임 받는

왕과 같은 제사장의 거룩함으로

축복을 주시고 축복을 하게 하시니

세상에 비쳐지는 내 모습도

하나님 얼굴로 비추어진 축복이기를

나를 저주하고 모욕하는 이들에게까지도

축복을 권하시는 주님

멀고 긴 해안 길

지치고 힘들 때 혼자가 아니라

언제나 우리를 안고 계시는 주님

샤마르[1]로 보호해주시는 축복을

따뜻한 미소로 인자한 얼굴의 자비로

야곱이 이스라엘[2]로 변화하는

사랑의 빛인 구원 은혜의 축복을

하나님 얼굴이 우리를 향하시어

고개 들어 바라보니

평강으로 축복을 주시니

언제나 지켜주심의 축복을

놀라운 은혜의 축복을

사랑으로 충만한 샬롬[3]의 축복을

넉넉한 나눔의 축복으로

---

1 샤마르/울타리(울타리를 쳐서 막아주다)

2 이스라엘/야곱이 형 '에서'를 만나기 전 하나님의 은혜 주심으로 하나님의
얼굴빛으로 회복되는 과정에서 '이스라엘'(하나님과 겨루어 이김 또는 하나
님이 다스리심)이라는 이름으로 불리어짐

3 샬롬(쉘럼)/히브리어로 평화, 평강, 평안을 의미(내 삶에 흘러넘치는 평온)

민수기 6장 22~27

-제사장의 축복

22 여호와께서 모세에게 말씀하여 이르시되
23 아론과 그의 아들들에게 말하여 이르기를 너희들은 이스라엘
   자손을 위하여 이렇게 축복하여 이르되
24 여호와는 네게 복을 주시고 너를 지키시기를 원하며
25 여호와는 그의 얼굴을 네게 비추사 은혜 베푸시기를 원하며
26 여호와는 그 얼굴을 네게로 향하여 드사 평강 주시기를 원하노
   라 할지니라 하라
27 그들은 이 같이 내 이름으로 이스라엘 자손에게 축복할지니 내
   가 그들에게 복을 주리라

39.
주의 은혜는 한계가 없으시다

-우리에게, 만민에게 복음을 전파할 수 있는 능력을 주신 주님-

절대주이신 예수님의 죽음에

세속적 욕망을 잃고

실의에 빠진 11제자[1]

세상의 처음과 끝을 말하는

예수님의 부활로

편협한 신앙의 아집我執을 꾸짖으며

영적인 눈을 들어

만민에게 복음을 전파하라는

세상 그 어디까지라도 찾아 가시는

무한궤도 복음의 길로 인도하시니

한계가 없으신 주님의 은혜로

지금이 사명감당의 시간임을

---

1 11제자/12제자 중 가룻 유다는 은전 서른 닢에 예수님을 팔았다가 후회하
  고 자살하였음

서로 죽고 죽이는

지옥에서 지옥으로의 삶에

휘둘리지 않는 능력을

아름답고 훈훈한 가슴을 울리는

새방언[2]으로 말하는 언어의 능력을

말씀에 흩날리는 문자[3]의 왜곡에

흔들리지 않는 영적 단단함의 능력을

나의 모습 나의 행보 나의 언행에서

따뜻함이 전해지는 격려와 치유의 능력을

한계가 없으신 주님의 사랑으로

부름 받아 감당할 수 있기를

---

2 새방언/가슴을 울리는 언어의 능력으로 사랑과 축복의 언어, 공감과 소통의 언어, 평화와 화해의 언어, 책임을 지는 언책의 언어 등 훈훈한 언어의 세계를 말함

3 문자/성경말씀의 문자로써 말씀의 문자를 잘못 해석해 옳은 복음을 전달하지 못함(이단의 특징)

마가복음 16장 14~20

-만민에게 복음을 전하라

14 그 후에 11제자가 음식 먹을 때에 예수께서 그들에게 나타나사
   그들의 믿음 없는 것과 마음이 완악한 것을 꾸짖으시니 이는 자기
   가 살아난 것을 본 자들의 말을 믿지 아니함일러라
15 또 이르시되 너희는 온 천하에 다니며 만민에게 복음을 전파하라
16 믿고 세례를 받는 사람은 구원을 얻을 것이오 믿지 않는 사람은
   정죄를 받으리라
17 믿는 자들에게는 이런 표적이 따르리니 곧 그들이 내 이름으로
   귀신을 쫓아내며 새 방언을 말하며
18 뱀을 집어 올리며 무슨 독을 마실지라도 해를 받지 아니하며 병
   든 사람에게 손을 얹은즉 나으리라 하시더라
-하늘로 올려지시다
19 주 예수께서 말씀을 마치신 후에 하늘로 올려지사 하나님 우편
   에 앉으시니라
20 제자들이 나가 두루 전파할 새 주께서 함께 역사하사 그 따르는
   표적으로 말씀을 확실히 증언하시니라

40.
큰 용사여, 여호와께서 너와 함께 계시도다

-하나님께 쓰임 받는 큰 용사, 내가 되기를-

애굽에서 가나안으로 구원의 길 40년
각 지파대로 살길 찾아 흩어져
사랑의 말씀 다 잊어버리고
원주민들의 우상 섬김에 젖어드니
때에 맞춰 위기를 안아주시는 아버지
그래도 멈추지 않는 그들의 방탕에
7년 동안 미디안[1] 침범으로 벌하시니
두더지와 같은 삶에 놓인 이스라엘
또 다시 하나님을 찾기에
초라하고 보잘것없고 가진 것 없는

---

1 미디안/미디안 사람들은 이스라엘백성과 광야생활 초기에는 우호적이었으
나 광야생활 끝에는 모압과 미디안 사람들이 연합하여 이스라엘 백성으로 하
여금 음행에 빠지도록 저주하게 되는 관계

기드온²을 택해 300용사만으로
미디안을 한 사람 치듯 물리쳐버리니
용사의 많고 적음이 무슨 필요인가
하나님 사랑의 능력이 기드온에 의해
40년간의 태평세월 주시네

소극적인 나이기에
변변치 못한 나이기에
쓰임을 주저하지만
자신이 서 있는 자리가
어딘지를 아는 기드온에게
내가 너를 보내니 숨지 말고 감당해라
내가 반드시 너와 함께 하리니
너에게 준 사명을 믿고
주저하지 말고 나아가라
미련한 우리, 천한 우리
멸시받는 우리, 나약하고 미약한 우리를
하나님 자랑으로 쓰시는 주님의 선택에
당당하게 임하며 기쁘게 함께하는

---

2 기드온/기드온은 하나님의 말씀 위에 그의 생각을 세워놓았기 때문에 하나
님의 뜻을 잘 알고 있던 사람이지만 가진 것 없던 그는 하나님이 주신 은사를
마다함. 그러나 결국에는 주님이 주신 사명을 받게 되는 큰 용사로서, 미디안
을 치기 위해 3만 2천 명 중에서 3백 명을 선발하여 미디안을 격파하고 7년
간 학대받던 이스라엘을 구출하여 40년간의 태평세월을 누리게 함

300 용사가 되기를

부름 받는 기드온이 되기를

사사기 6장 11~16

11 여호와의 사자가 아비에셀 사람 요아스에게 속한 오브라에 이르러 상수리나무 아래에 앉으니라 마침 요아스의 아들 기드온이 미디안 사람에게 알리지 아니하려 하여 밀을 포도주 틀에서 타작하더니

12 여호와의 사자가 기드온에게 나타나 이르되 큰 용사여 여호와께서 너와 함께 계시도다 하매

13 기드온이 그에게 대답하되 오 나의 주여 여호와께서 우리와 함께 계시면 어찌하여 이 모든 일이 우리에게 일어났나이까 또 우리 조상들이 일찍이 우리에게 이르기를 여호와께서 우리를 애굽에서 올라오게 하신 것이 아니냐 한 그 모든 이적이 어디 있나이까 이제 여호와께서 우리를 버리사 미디안의 손에 우리를 넘겨 주셨나이다 하니

14 여호와께서 그를 향하여 이르시되 너는 가서 이 너의 힘으로 이스라엘을 미디안의 손에서 구원하라 내가 너를 보낸 것이 아니냐 하시니라

15 그러나 기드온이 그에게 대답하여 오 주여 내가 무엇으로 이스

라엘을 구원하리이까 보소서 나의 집은 므낫세 중에 극히 약하고
나는 내 아버지 집에서 가장 작은 자니이다 하니
16 여호와께서 그에게 이르시되 내가 반드시 너와 함께 하리니 네가
미디안 사람 치기를 한 사람을 치듯 하리라 하시니라

하나님과 가까이 함이 내/네게 복이라

41.
발목 잡은 자가 선택되다

-하나님을 향한 절박함의 기도와 택하심에 감사와 사명으로-

익숙함에 무뎌져

형식에 치우친 이삭의 믿음

하나님도 외면하시더니

간절하고 또 절박한 기도에

에서[1]의 발꿈치를 잡은

야곱[2]을 주시니

세속적 욕망의 이기도

인간의 탐욕적 잡스러움도

지독히도 엉큼하고 비열한 야곱

그래도 그런 그를 택하시어

끝없이 지켜보시는 아버지의 사랑

---

1 에서/야곱의 쌍둥이 형(야곱의 음모로 장자의 권한을 넘기게 됨)

2 야곱/에서의 쌍둥이 동생(어머니 리브가와 함께 계략과 음모로 형 에서를 짓
   누르고 아버지 이삭에게서 장자의 축복을 받음)

치유의 길로 사명의 길을 열어주시니

우리들의 모습인 야곱을

하나님의 왕자 이스라엘[3]로

12지파의 조상으로

영원히 살아있는 하나님의 산자로

행하시고 변화를 주시니

값없이 주신 택하심의 은혜를 붙잡고

설렘과 떨림과 은혜의 전율로

간절한 찬양과 감사의 사명으로 올려드리리

성경말씀

창세기 25장 19∼26

-에서와 야곱이 태어나다

19 아브라함의 아들 이삭의 족보는 이러하니라 아브라함이 이삭
   을 낳았고
20 이삭은 40세에 리브가를 맞이하여 아내를 삼았으니 리브가는 밧
   단 아람의 아람 족속 중 브두엘의 딸이요 아람 족속 중 라반의

---

3 이스라엘/'하나님과 겨루어 이김'의 뜻이며, 아브라함의 손자, 이삭의 아들
  인 야곱은 믿음의 승화를 받으며 이스라엘이라는 새 이름을 얻음

누이였더라

21 이삭이 그의 아내가 임신하지 못하므로 그를 위하여 여호와께 간구하매 여호와께서 그의 간구를 들으셨으므로 그의 아내 리브가가 임신하였더니

22 그 아들들이 그의 태 속에서 서로 싸우는지라 그가 이르되 이럴 경우에는 내가 어찌할꼬 하고 가서 여호와께 묻자온대

23 여호와께서 그에게 이르시되 두 국민이 네 태중에 있구나 두 민족이 네 복중에서부터 나누이리라 이 족속이 저 족속보다 강하겠고 큰 자가 어린 자를 섬기리라 하셨더라

24 그 해산 기한이 찬즉 태에 쌍둥이가 있었는데

25 먼저 나온 자는 붉고 전신이 털옷 같아서 이름을 에서라 하였고

26 후에 나온 아우는 손으로 에서의 발꿈치를 잡았으므로 그 이름을 야곱이라 하였으며 리브가가 그들을 낳았을 때에 이삭이 육십 세였더라

42.
장자의 명분

-안개와 같은 세상적인 것에 마음 두지 마라-

이삭과 리브가의 편협한 자식 사랑

에서와 야곱을 그릇된 야심으로 성장케 하니

한낱 죽 한 그릇에 주신 명분 내려놓으며

세상 감정에 먼저 손을 내미는 에서

보이는 현실에 현혹되어

언약의 말씀을 가볍게 흘리며

한 치의 망설임 없이 장자의 자리를 박차버리니

주어진 자신의 은사를 잊어버리는

음행한 자 망령된 자로 낙인 찍히는 에서

안개와 같은 세상에 마음 두는 우리

비겁한 야욕으로 장자권을 거머쥐려는

에서의 약점을 이용한 치밀한 계획

야곱의 음흉한 계략과 욕심의 성급함이

오랜 시간 라반[1]에게로의 도주로 강행되니

큰 자가 작은 자를 섬기리라

약속의 말씀을 붙잡으면

언제나 잊지 않고 찾아주시는 아버지

주어진 각각에 대한 사명을 믿으며

주님보다 앞서지만 않는다면

언젠가는 사랑의 명분으로 채워주시니

세상이 조롱할지라도 보이지 않는

약속의 하나님을 믿으며

성경말씀

창세기 25장 27~34

-에서가 장자의 명분을 팔다

27 그 아이들이 장성하매 에서는 익숙한 사냥꾼이었으므로 들사람
　이 되고 야곱은 조용한 사람이었으므로 장막에 거주하니

28 이삭은 에서가 사냥한 고기를 좋아하므로 그를 사랑하고 리브가

---

1 라반/'희다'의 뜻을 가지고 있는 '라반'은 리브가의 오빠로서 '레아와 라헬'
　두 딸 외에 여러 아들들이 있음. 에서를 피해 도망온 야곱을 도운 야곱의 외
　삼촌

는 야곱을 사랑하였더라

29 야곱이 죽을 쑤었더니 에서가 들에서 돌아와서 심히 피곤하여

30 야곱에게 이르되 내가 피곤하니 그 붉은 것을 내가 먹게 하라 한 지라 그러므로 에서의 별명은 에돔이더라

31 야곱이 이르되 형의 장자의 명분을 내게 팔라

32 에서가 이르되 내가 죽게 되었으니 이 장자의 명분이 내개 무엇이 유익하리오

33 야곱이 이르되 오늘 내게 맹세하라 에서가 맹세하고 장자의 명분을 야곱에게 판지라

34 야곱이 떡과 팥죽을 에서에게 주매 에서가 먹으며 마시고 일어나 갔으니 에서가 장자의 명분을 가볍게 여김이었더라

43.
내 아들아, 네가 누구냐?

-하나님이 우리에게 주시는 교훈과 마음을 알기를-

몸에 군살처럼 붙어있는 허물로

죄를 싸안고 스스럼없이

야비하게 속임수를 늘어놓는 야곱

몇 번에 걸친 거짓을

마치 하나님의 마음인 양

눈먼 이삭을 당당하게 맞서는 야곱

언제나 함께하실 약속의 주님이심을

거룩한 말씀을 기다리지 못하고

하나님의 약속을 거스르며

축복은 니가 받고

너의 저주는 나에게 돌리라는 리브가

에서가 아님을 아시는 하나님께

항변하며 발맞추어가는 야곱

속고 속이는 잘못된 자식 편애에
골병이 드는 에서와 야곱
하나님을 악용하는 야곱의 구차함과
리브가의 야곱에 대한 욕심이
야곱을 더 먼 길로 보내버리니
순종의 기다림을 인내하지 못해
아버지의 마음을 저버리고
내 삶에 응어리로 적체되니
아버지가 바라시는
본래의 내 모습으로 돌아가
모든 죄악을 다 짊어진 그대로
내 모습 내 초라함으로
나는 야곱입니다, 내가 야곱입니다
자백하고 고백하기를

창세기 27장 1~23

-이삭이 야곱에게 축복하다

1 이삭이 나이가 많아 눈이 어두워 잘 보지 못하더니 맏아들 에서를
　불러 이르되 내 아들아 하매 그가 이르되 내가 여기 있나이다 하니
2 이삭이 이르되 내가 이제 늙어 어느 날 죽을는지 알지 못하니
3 그런즉 네 기구 곧 화살통과 활을 가지고 들에 가서 나를 위하여
　사냥하여
4 내가 즐기는 별미를 만들어 내게로 가져와서 먹게 하여 내가 죽기
　전에 내 마음껏 네게 축복하게 하라

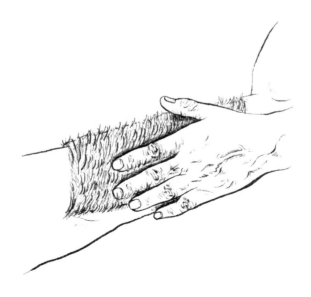

5 이삭이 그의 아들 에서에게 말할 때에 리브가가 들었더니 에서가
   사냥하여 오려고 들로 나가매

6 리브가가 그의 아들 야곱에게 말하여 이르되 네 아버지가 네 형 에
   서에게 말씀하시는 것을 내가 들으니 이르시기를

7 나를 위하여 사냥하여 가져다가 별미를 만들어 내가 먹게 하여 죽
   기 전에 여호와 앞에서 네게 축복하게 하라 하셨으니

8 그런즉 내 아들아 내 말을 따라 내가 네게 명하는 대로

9 염소 떼에 가서 거기서 좋은 염소 새끼 두 마리를 내게로 가져오
   면 그것으로 네 아버지를 위하여 그가 즐기시는 별미를 만들리니

10 네가 그것을 네 아버지께 가져다 드려서 그가 죽기 전에 네게 축
   복하기 위하여 잡수시게 하라

11 야곱이 그 어머니 리브가에게 이르되 네 형 에서는 털이 많은 사
   람이요 나는 매끈매끈한 사람인 즉

12 아버지께서 나를 만지실진데 내가 아버지의 눈에 속이는 자로 보
   일지라 복은 고사하고 저주를 받을까 하나이다

13 어머니가 그에게 이르되 내 아들아 너의 저주는 내게로 돌리리니
   내 말만 따르고 가서 가져오라

14 그가 가서 끌어다가 어머니에게로 가져왔더니 그의 어머니가 그
   의 아버지가 즐기는 별미를 만들었더라

15 리브가가 집 안 자기에게 있는 그의 맏아들 에서의 좋은 의복을
   가져다가 그의 작은 아들 야곱에게 입히고

16 또 염소새끼의 가죽을 그의 손과 목의 매끈매끈한 곳에 입히고

17 자기가 만든 별미와 떡을 자기 아들 야곱의 손에 주니

18 야곱이 아버지에게 나아가서 내 아버지여 하고 부르니 이르되 내
   가 여기 있노라 내 아들아 네가 누구냐

19 야곱이 아버지에게 대답하되 나는 아버지의 맏아들 에서로소이다

아버지께서 내게 명하신대로 내가 하였사오니 원하건대 일어나 앉아서 내가 사냥한 고기를 잡수시고 아버지 마음껏 내게 축복하소서

20 이삭이 그의 아들에게 이르되 내 아들아 네가 어떻게 이같이 속히 잡았느냐 그가 이르되 아버지의 하나님 여호와께서 나로 순조롭게 만나게 하셨음이니이다

21 이삭이 야곱에게 이르되 내 아들아 가까이 오라 네가 과연 내 아들 에서인지 아닌지 내가 너를 만져보려 하노라

22 야곱이 그 아버지 이삭에게 가까이 가니 이삭이 만지며 이르되 음성은 야곱의 음성이나 손은 에서의 손이로다 하며

23 그의 손이 형 에서의 손과 같이 털이 있으므로 분별하지 못하고 축복하였더라

44.
벧엘에서 멈추지 말라

-어디서에든 찾아주시는 하나님을 믿고 멈추지 않는 믿음을-

야곱의 사악한 행위에

에서의 분노는 극에 달하니

외삼촌에게로 도망가는 야곱

기나긴 여정, 홀로의 밤 벧엘[1]

허전하고 서글픔이 밀려오는 밤

처량하고 눈물겨운 밤

무뎌지고 메말라진 내 영에

주고만 싶은 사랑으로

책망치 않으시고

임마누엘[2]로 찾아주시는 주님

베개에 기름을 붓고

---

1 벧엘/벧엘은 '하나님의 집'이라는 뜻이며, 야곱이 외삼촌 라반의 집으로 도
  망가던 중 돌에 머리를 베고 잠자다가 천국의 계단을 꿈꾼 곳(믿음의 변화와
  믿음의 멈춤이 일어났던 곳)
2 임마누엘/하나님이 함께 해주리라, 내가 너와 함께 하리라, 너를 지켜주리라

작은 예배를 드리지만

또 다시 하나님 기대를 놓아버리는

십일조의 얄팍한 약속을 걸며

먹을 것을 달라 갈 길을 열어달라

재촉하는 서글픈 믿음

꺼져가는 등불을 찾아오신

하나님과의 첫 만남에서조차도

버리지 못하는 이기심

그래도 너와 함께 하고 싶다며

인생의 혹독한 밤 기댈 곳 없어

주저앉은 나에게 오실 아버지

은혜의 경지로

새로워지는 영혼의 길로

얍복나루3에서 이스라엘로 거듭날 때까지

---

3 얍복나루/얕은 여울, 개울, 나루터를 뜻함(야곱은 이곳에서 천사를 만나 허
벅지 관절이 어긋날 정도로 밤새 씨름, 이긴 후 '이스라엘'이라는 이름을 얻
게 됨)

창세기 28장 10~22

-야곱이 벧엘에서 꿈을 꾸다

10 야곱이 브엘세바에서 떠나 하란으로 향하여 가더니
11 한 곳에 이르러는 해가 진지라 거기서 유숙하려고 그곳의 한 돌을 가져다가 베개로 삼고 거기 누워 자더니
12 꿈에 본즉 사닥다리가 땅 위에 서 있는데 그 꼭대기가 하늘에 닿았고 또 본즉 하나님의 사자들이 그 위에서 오르락내리락 하고
13 또 본즉 여호와께서 그 위에 서서 이르시되 나는 여호와니 너의 조부 아브라함의 하나님이요 이삭의 하나님이라 네가 누워 있는 땅을 내가 너와 네 자손에게 주리라
14 네 자손이 땅의 티끌같이 되어 네가 서쪽과 동쪽과 북쪽과 남쪽으로 퍼져나갈지며 땅의 모든 족속이 너와 네 자손으로 말미암아 복을 받으리라
15 내가 너와 함께 있어 네가 어디로 가든지 너를 지키며 너를 이끌어 이 땅으로 돌아오게 할지라 내가 네게 허락한 것을 다 이루기까지 너를 떠나지 아니하리라 하신지라
16 야곱이 잠이 깨어 이르되 여호와께서 과연 여기 계시거늘 내가 알지 못하였도다
17 이에 두려워하여 이르되 두렵도다 이곳이여 이것은 다름 아닌 하나님의 집이요 이는 하늘의 문이로다 하고
18 야곱이 아침에 일찍이 일어나 베개로 삼았던 돌을 가져다가 기둥으로 세우고 그 위에 기름을 붓고

19 그곳 이름을 벧엘이라 하였더라 이 성의 옛 이름은 루스더라

20 야곱이 서원하여 이르되 하나님이 나와 함께 계셔서 내가 가는 이 길에서 나를 지키시고 먹을 떡과 입을 옷을 주시어

21 내가 평안히 아버지 집으로 돌아가게 하시오면 여호와께서 나의 하나님이 되실 것이요

22 내가 기둥으로 세운 이 돌이 하나님의 집이 될 것이요 하나님께서 내게 주신 모든 것에서 십분의 일을 내가 반드시 하나님께 드리겠나이다 하였더라

45.
거절의 아픔을 찬양으로 바꾸시다

-버림받아 울고 있는 레아를 보듬어 안아 찬양하는 기쁨을-

살기로 가득찬 에서를 뒤로하고
하란[1]으로 도주한 야곱
우물가에서 라헬과의 만남
설렘을 안고 다가서는 야곱
라반의 치졸한 속임수에도
라헬을 얻기 위해
14년간 머슴으로 머리 조아리니
기나긴 시간을 공들이며
극한 노동에 매달리는 야곱
이삭과 에서를 향해 일삼았던
얄팍한 거짓과 행악이
자신에게로 고스란히 되돌아오니

---

1 하란/이삭의 아내 리브가의 고향이며 오빠 라반이 사는 곳

내가 뿌린 악의 씨앗은

흩어지고 돌고 돌아

다시 내게로 돌아와 비수로 꽂힐 것을

야곱에게 버림받은 레아

서글픔과 어둠의 상처로

짙은 그늘에서 남몰래 눈물흘리니

작은 신음소리에 빛을 비추시는 하나님

사랑으로 끌어안으시며 축복을 주시네

르우벤[2]을 주시고 시므온을 주시고

또 레위를 주시는 자손의 축복을

깊은 한숨의 탄식과 부르짖음에

유다까지 주시니

기쁨의 노래로 찬양하는 레아

움츠려 슬피 울고 있는 나를 찾아

두 손 잡아 일으켜 품어주시는 아버지

---

2 르우벤/레아의 아들로서 첫째 르우벤(보라 아들이다) 둘째 시므온(여호와께
서 듣다) 셋째 레위(나와 연합하다) 넷째 유다(여호와를 찬송하다)

창세기 29장 1-35

-야곱이 라반의 집에 이르다

1 야곱이 길을 떠나 동방 사람의 땅에 이르러

2 본즉 들에 우물이 있고 그 곁에 양 세떼가 누워 있으니 이는 목
   자들이 그 우물에서 양 떼에게 물을 먹임이라 큰 돌로 우물 아귀
   를 덮었다가

3 모든 떼가 모이면 그들이 우물 아귀에서 돌을 옮기고 그 양떼에게
   물을 먹이고는 우물 아귀 그 자리에 다시 그 돌을 덮더라

4 야곱이 그들에게 이르되 내 형제여 어디서 왔느냐 그들이 이르되
   하란에서 왔노라

5 야곱이 그들에게 이르되 너희가 나홀의 손자 라반을 아느냐 그들
   이 이르되 아노라

6 야곱이 그들에게 이르되 그가 평안하냐 이르되 평안하니라 그의
   딸 라헬이 지금 양을 몰고 오느니라

7 야곱이 이르되 해가 아직 높은 즉 가축 모일 때가 아니니 양에게
   물을 먹이고 가서 풀을 뜯게 하라

8 그들이 이르되 우리가 그리하지 못하겠노라 떼가 다 모이고 목자
   들이 우물 아귀에서 돌을 옮겨야 우리가 양에게 물을 먹이느니라

9 야곱이 그들과 말하는 동안에 라헬이 그의 아버지의 양과 함께 오
   니 그가 그의 양들을 치고 있었기 때문이더라

10 야곱이 그의 외삼촌 라반의 딸 라헬과 그의 외삼촌의 양을 보
    고 나아가 우물 아귀에서 돌을 옮기고 외삼촌 라반의 양 떼에게

물을 먹이고

11 그가 라헬에게 입맞추고 소리내어 울며

12 그에게 자기가 그의 아버지의 생질이요 리브가의 아들 됨을 말하였더니 라헬이 달려가서 그 아버지에게 알리매

13 라반이 그의 생질 야곱의 소식을 듣고 달려와서 그를 영접하여 안고 입맞추며 자기 집으로 인도하여 들이니 야곱이 자기의 모든 일을 라반에게 말하매

14 라반이 이르되 너는 참으로 내 혈육이로다 하였더라 야곱이 한 달을 그와 함께 거주하더니

15 라반이 야곱에게 이르되 네가 비록 내 생질이나 어찌 그저 내 일을 하겠느냐 네 품삯을 어떻게 할지 말하라

16 라반에게 두 딸이 있으니 언니의 이름은 레아요 아우의 이름은 라헬이라

17 레아는 시력이 약하고 라헬은 곱고 아리따우니

18 야곱이 라헬을 더 사랑하므로 대답하되 내가 외삼촌의 작은 딸 라헬을 위하여 외삼촌에게 칠 년을 섬기리이다

19 라반이 이르되 그를 네게 주는 것이 타인에게 주는 것보다 나으니 나와 함께 있으라

20 야곱이 라헬을 위하여 칠 년 동안 라반을 섬겼으나 그를 사랑하는 까닭에 칠 년을 며칠같이 여겼더라

－야곱이 레아와 라헬을 아내로 맞다

21 야곱이 라반에게 이르되 내 기한이 찼으니 내 아내를 내게 주소서 내가 그에게 들어가겠나이다

22 라반이 그곳 사람을 다 모아 잔치하고

23 저녁에 그의 딸 레아를 야곱에게로 데려가매 야곱이 그에게로 들어가니라

24 라반이 또 그의 여종 실바를 그의 딸 레아에게 시녀로 주었더라

25 야곱이 아침에 보니 레아라 라반에게 이르되 외삼촌이 어찌하여 내게 이같이 행하셨나이까 내가 라헬을 위하여 외삼촌을 섬기지 아니하였나이까 외삼촌이 나를 속이심은 어찌됨이니이까

26 라반이 이르되 언니보다 아우를 먼저 주는 것은 우리 지방에서 하지 아니하는 바이라

27 이를 위하여 칠일을 채우라 우리가 그도 네게 주리니 네가 또 나를 칠 년 동안 섬길지니라

28 야곱이 그대로 하여 그 칠 일을 채우매 라반이 딸 라헬도 그에게 아내로 주고

29 라반이 또 그의 여종 빌하를 그의 딸 라헬에게 주어 시녀가 되게 하매

30 야곱이 또한 라헬에게로 들어갔고 그가 레아보다 라헬을 더 사랑하여 다시 칠 년 동안 라반을 섬겼더라

-야곱에게 아이들이 생기다

31여호와께서 레아가 사랑받지 못함을 보시고 그의 태를 여셨으니 라헬은 자녀가 없었더라

32 레아가 임신하여 아들을 낳고 그 이름을 르우벤이라 하여 이르되 여호와께서 나의 괴로움을 돌보셨으니 이제는 내 남편이 나를 사랑하리로다 하였더라

33 그가 다시 임신하여 아들을 낳고 이르되 여호와께서 내가 사랑받지 못함을 들으셨으므로 내게 이 아들도 주셨도다 하고 그의 이름을 시므온이라 하였으며

34 그가 또 임신하여 아들은 낳고 이르되 내가 그에게 세 아들을 낳았으니 내 남편이 지금부터 나와 연합하리로다 하고 그의 이름을 레위라 하였으며

35 그가 또 임신하여 아들을 낳고 이르되 내가 이제는 여호와를 찬
   송하리로다 하고 이로 말미암아 그가 그의 이름을 유다라 하였고
   그의 출산이 멈추었더라

46.
사막을 에덴 같게 / 성찬식 특별 메시지

-하나님 위로의 말씀에 귀 기울이고 생각하여 보기를-

바벨론[1]의 참담한 노예의 삶

어두운 맘 끌어안은 절망의 나날들

회복의 메시지 이사야[2]를 보내시어

황폐해진 시온[3]의 사막을 에덴과 같게

광야를 여호와의 동산 같게

참혹한 짓밟힘에 봄바람 불게 하시니

들을지어다 귀를 기울여라

세상 그 어떤 절망의 소리에도 개의치 말고

하나님의 뜻 생명, 소망, 승리의 소리로

허둥대지 않고 언제나 무장하는

---

1 바벨론/BC586년 이스라엘을 침범해 백성들을 포로로 잡아간 최초의 이
  방 국가

2 이사야/구약의 위대한 선지자(대 예언자)

3 시온/예루살렘 성지의 언덕으로써 예루살렘 또는 이스라엘을 상징

주님의 목소리에 귀 기울이는 회복의 길을

너희를 떠낸 반석
너희를 파낸 우묵한 구덩이[4]에서
아브라함과 사라가[5] 받은 축복을
떠올리며
은혜를 되짚어보며 주님의 몸과 피로
죄와 허물을 씻어주신 첫사랑의 기억을
팍팍한 황무지를 걸어가며
평온한 일상의 염원을 바라는
성찬식의 보이는 말씀과 같이
영혼의 미소가 꽃피워지기를
시원한 생수와 같은 회복의 말씀을
어두운 밤 별을 잉태하는 희망을 안고

---

4 죽음의 바닥에 패인 우묵한 구덩이(아브라함과 사라의 삶, 우리 모두의 삶)

5 아브라함과 사라/하나님의 축복 속에 구원 받은 후 모든 유대인들의 정신적 육체적 조상이 됨(아브라함/믿음의 조상, 사라/열국의 어머니)

성경말씀

이사야 51장 1-3

-위로의 말씀

1 의를 따르며 여호와를 찾아 구하는 너희는 내게 들을지어다 너희
  를 떠낸 반석과 너희를 파낸 우묵한 구덩이를 생각해보라
2 너희의 조상 아브라함과 너희를 낳은 사라를 생각하여 보라 아브
  라함이 혼자 있을 때에 내가 그를 부르고 그에게 복을 주어 창성
  하게 하였느니라
3 나 여호와가 시온의 모든 황폐한 곳들을 위로하여 그 사막을 에덴
  같게, 그 광야를 여호와의 동산 같게 하였나니 그 가운데에 기뻐
  함과 즐거워함과 감사함과 창화하는 소리가 있으리라

47.
광야에서도 감사 / 추수감사주일 메시지

-광야와 같은 인생, 내 주되시는 하나님께 감사해서 행복한
것을-

강한 손과 펴신 팔로 인도하시고
홍해를 가르신 은혜에도
바로의 군대를 엎드러뜨리심도
광야를 통과시켜주고자 하시고
결국엔 지나가게 하시는
그 인자하심의 영원함에
흥겨운 가락의 감사 노래를

40년간 광야의 끝없는 자멸과 신음
처절하게 하나님의 뜻을 거스르며
왜 광야로 인도하신 지도 모른 채
그리도 지칠 줄 모르는 원망과 항변
그래도 때마다 살길을 열어주시는

그 인자하심이 영원함으로
흥겨운 가락의 감사 노래를

훔쳐 간 빵 한 조각에 아쉬워하지 않고
물 한잔에 감사의 행복을 느끼는 농부[1]의 민담
차고 넘치는 풍요에 타락이 숨어있기에
받았기에 행복해서 감사한 게 아니라
함께해 주심에 감사해서 행복한 것을
사막 같은 인생 터덜터덜 겨우겨우 걷는 길
어두운 밤, 기댈 곳 없어 흐느껴 우는 밤
위로해 주시고 빛이 되어주시며
갈 길 열어주시는
그 인자하심의 영원함에
흥겨운 가락의 감사 노래를

---

1 농부/톨스토이 단편집의 러시아 민담 중 '악마와 빵 한 조각'에서 한 가난
한 농부가 땀 흘려 일하던 중 가져온 빵을 먹으려는데 농부를 유혹하기 위
한 악마의 계략으로 없어진 빵 대신에 맹물을 먹으며 빵을 훔쳐 간 사람에
게 저주가 아니라 축복(가져간 빵 맛있게 먹었으면 좋겠다)하며 물 한 잔에
감사해하는 농부

하나님과 가까이 함이 내/네게 복이라

시편 136편 10 ~ 16

10 애굽의 장자를 치신 이에게 감사하라 그 인자하심이 영원함이
　　로다

11 이스라엘을 그들 중에서 인도하여 내신 이에게 감사하라 그 인
　　자하심이 영원함이로다

12 강한 손과 펴신 팔로 인도하여 내신 이에게 감사하라 그 인자하
　　심이 영원함이로다

13 홍해를 가르신 이에게 감사하라 그 인자하심이 영원함이로다

14 이스라엘을 그 가운데로 통과하게 하신 이에게 감사하라 그 인
　　자하삼이 영원함이로다

15 바로와 그의 군대를 홍해에 엎드러뜨리신 이에게 감사하라 그
　　인자하심이 영원함이로다

16 그의 백성을 인도하여 광야를 통과하게 하신 이에게 감사하라
　　그 인자하심이 영원함이로다

48.
하나님 한 분이면 충분합니다

-세상적 시기와 질투 다 내려놓고 오직 하나님만으로 충분
하기를-

라헬의 시기 질투는

레아에게 더 풍성한 자손의 축복을

빌하로 인한 라헬에게는

단과 납달리[1]의 초라한 축복을

합환채[2]를 얻으려는 얕은 수단으로

야곱과의 하룻밤 동침을 요구하는 라헬

라헬의 욕심에 몰린 레아의 반격

자매의 우애가 악행으로 화해버리니

주님을 찾을 때 생각하고 들으시고

---

1 단과 납달리/라헬의 시녀 빌하의 두 아들(단/억울함을 풀다, 납달리/경쟁
  하여 이기다)
2 합환채/지중해 연안에 자생하는 식물(성욕을 촉진시키며 불임여성들의 수태
  력을 증진하는 데 효능을 가진 사랑의 묘약으로 알려짐)

요셉으로 축복을 주시는
하나님 한 분이면 충분할 것을

형들의 질투로 팔려나갔던 요셉
사울의 시기로 죽음으로 내몰렸던 다윗
시기와 질투를 내뿜는 내면의 비틀거림은
미움을 낳고 원망을 낳고 육신을 병들게 하고
분노에 살인까지 일삼는 흉한 몰골이 되니
서로에게 따뜻한 봄날이 되어준다면
꽃향기가 되고 드넓은 바다가 되어준다면[3]
주님, 주님 마음 내게 주세요
내가 사랑한 것 모두 다 내려놓고[4]
내 아버지 나를 향한 주님의 뜻이 이루어지도록
내게 사랑 가르쳐주세요
당신의 맘으로 용서하게 해 주세요
하나님 한 분만으로 충분하기를

---

3 나태주/시인 나태주는 공주사범대학교 출신으로 오랫동안 초등교사로 역임
  했으며 '대숲 아래서'로 등단('사랑'이라는 작품에서)
4 찬송가/"내 영혼의 찬양 p278 '내가 주인 삼은 모든 것 내려놓고'" 작/전
  승연

창세기 30장 1~24

1 라헬이 자기가 야곱에게서 아들을 낳지 못함을 보고 그의 언니를
시기하여 야곱에게 이르되 내게 자식을 낳게 하라 그렇지 않으면
내가 죽겠노라

2 야곱이 라헬에게 성을 내어 이르되 그대를 임신하지 못하게 하시
는 이는 하나님이시니 내가 하나님을 대신하겠느냐

3 라헬이 이르되 내 여종 빌하에게로 들어가라 그가 아들을 낳아 내
무릎에 두리니 그러면 나도 그로 말미암아 자식을 얻겠노라 하고

4 그의 시녀 빌하를 남편에게 아내로 주매 야곱이 그에게로 들어
갔더니

5 빌하가 임신하여 야곱에게 아들을 낳은지라

6 라헬이 이르되 하나님이 내 억울함을 푸시려고 내 호소를 들으사
내게 아들을 주셨다 하고 이로 말미암아 그의 이름을 단이라 하
였으며

7 라헬의 시녀 빌하가 다시 임신하여 둘째 아들을 야곱에게 낳으매

8 라헬이 이르되 내가 언니와 크게 경쟁하여 이겼다 하고 그의 이름
을 납달리라 하였더라

9 레아가 자기의 출산이 멈춤을 보고 그의 시녀 실바를 데려다가 야
곱에게 주어 아내로 삼게 하였더니

10 레아의 시녀 실바가 야곱에게서 아들을 낳으매

11 레아가 이르되 복되도다 하고 그의 이름을 갓이라 하였으며

12 레아의 시녀 실바가 둘째 아들을 야곱에게 낳으매

13 레아가 이르되 기쁘도다 모든 딸들이 나를 기쁜 자라 하리로다

하고 그의 이름을 아셀이라 하였더라

14 밀 거둘 때 르우벤이 나가서 들에서 합환채를 얻어 그의 어머니
레아에게 드렸더니 라헬이 레아에게 이르되 언니의 아들의 합환
채를 청구하노라

15 레아가 그에게 이르되 네가 내 남편을 빼앗은 것이 작은 일이냐
그런데 네가 내 아들의 합환채를 빼앗고자 하느냐 라헬이 이르
되 그러면 언니의 아들의 합환채 대신에 오늘 밤에 내 남편이 언
니와 동침하리라 하니라

16 저물 때에 야곱이 들에서 돌아오매 레아가 나와서 그를 영접하며
이르되 내게로 들어오라 내가 내 아들의 합환채로 당신을 샀노라
그 밤에 야곱이 그와 동침하였더라

17 하나님이 레아의 소원을 들으셨으므로 그가 임신하여 다섯째 아

들을 야곱에게 낳은지라

18 레아가 이르되 내가 내 시녀를 내 남편에게 주었으므로 하나님이 내게 그 값을 주셨다 하고 그의 이름을 잇사갈이라 하였으며

19 레아가 다시 임신하여 여섯째 아들을 야곱에게 낳은지라

20 레아가 이르되 하나님이 내게 후한 선물을 주시도다 내가 남편에게 여섯 아들을 낳았으니 이제는 그가 나와 함께 살리라 하고 그의 이름을 스불론이라 하였으며

21 그 후에 그가 딸을 낳고 그의 이름을 디나라 하였더라

22 하나님이 라헬을 생각하신지라 하나님이 그의 소원을 들으시고 그의 태를 여셨으므로

23 그가 임신하여 아들을 낳고 이르되 하나님이 내 부끄러움을 씻으셨다 하고

24 그 이름을 요셉이라 하니 여호와는 다시 다른 아들을 내게 더하시기를 원하노라 하였더라

49.
하나님의 신적 개입을 사모하라

-삶의 전환점에서 하나님의 개입을 두려워하지 말고 사모
하기를-

하란에서 이십여 년간의 머슴살이
이제는 속박을 벗어나려 하는 야곱
라헬과 요셉을 얻었기에
하나님의 언약이 있었기에
아버지에게로 돌아가려 하니
지독히도 옹졸하고 몰염치한 라반
또 야곱의 발을 묶어버리니
야곱의 하나님임을 알지 못하고
야비한 웃음으로 묘책을 강구하지만
하나님의 약속으로 변화된 야곱에게
믿을 수 있는 말씀의 불가사의로
역사하시는 놀라운 기적의 행하심을

홍해가 갈라지는 그 눈부심을

광야의 배고픔에 쏟아지는 그 만나를

가나안의 요단강이 열리는 그 장관을

수천 명의 미디언 병사들이

기드온 300용사 앞에서 그 꺼꾸러짐을

초자연적 힘으로 축복을 주시니

라반과 같은 탐욕 속에 놓여있는 우리

비통과 통탄과 참혹함 속에 갇혀 있는 우리

하나님의 개입을 사모하며 기다리는

주님 안에서 변화되는 야곱이 되기를

성경말씀

창세기 30장 25~43

-야곱이 라반과 품삯을 정하다

25 라헬이 요셉을 낳았을 때에 야곱이 라반에게 이르되 나를 보내
   어 내 고향 나의 땅으로 가게 하시되
26 내가 외삼촌에게 일하고 얻은 처자를 내게 주시어 나로 가게 하
   소서 내가 외삼촌에게 한 일은 외삼촌이 아시나이다
27 라반이 그에게 이르되 여호와께서 너로 말미암아 내게 복 주

신 줄을 내가 깨달았노니 네가 나를 사랑스럽게 여기거든 그대
로 있으라

28 또 이르되 네 품삯을 정하라 내가 그것을 주리라

29 야곱이 그에게 이르되 내가 어떻게 외삼촌을 섬겼는지, 어떻게
외삼촌의 가축을 쳤는지 외삼촌이 아시나이다

30 내가 오기 전에는 외삼촌의 소유가 적더니 번성하여 떼를 이루었
으니 내 발이 이르는 곳마다 여호와께서 외삼촌에게 복을 주셨나
이다 그러나 나는 언제나 내 집을 세우리이까

31 라반이 이르되 내가 무엇으로 네게 주랴 야곱이 이르되 외삼촌
께서 내게 아무것도 주시지 않아도 나를 위하여 이 일을 행하시면
내가 다시 외삼촌의 양 떼를 먹이고 지키리이다

32 오늘 내가 외삼촌의 양 떼에 두루 다니며 그 양 중에 아롱진 것과
점 있는 것과 검은 것을 가려내며 또 염소 중에 점 있는 것과 아롱
진 것을 가려내리니 이 같은 것이 내 품삯이 되리이다

33 후일에 외삼촌께서 오셔서 내 품삯을 조사할 때에 나의 의가 내
대답이 되리이다 내게 혹시 염소 중 아롱지지 아니한 것이나 점
이 없는 것이나 양 중에 검지 아니한 것이 있거든 다 도둑질한 것
으로 인정하소서

34 라반이 이르되 내가 네 말대로 하리라 하고

35 그날에 그가 숫염소 중 얼룩무늬 있는 것과 점 있는 것을 가리고
암염소 중 흰 바탕에 아롱진 것과 점 있는 것을 가리고 양 중에 검
은 것들을 가려 자기 아들들의 손에 맡기고

36 자기와 야곱의 사이를 사흘 길이 뜨게 하였고 야곱은 라반의 남
은 양떼를 치니라

37 야곱이 버드나무와 살구나무와 산풍나무의 푸른 가지를 가져다
가 그것들의 껍질을 벗겨 흰무늬를 내고

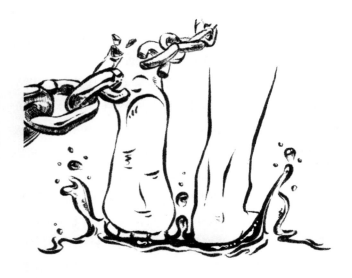

38 그 껍질 벗긴 가지를 양 떼가 와서 먹는 개천의 물 구유에 세워 양 떼를 향하게 하매 그 떼가 물을 먹으러 올 때에 새끼를 배니

39 가지 앞에서 새끼를 배므로 얼룩얼룩한 것과 점이 있고 아롱진 것을 낳은지라

40 야곱이 새끼 양을 구분하고 그 얼룩무늬와 검은 빛 있는 것을 라반의 양과 서로 마주보게 하며 자기 양을 따로 두어 라반의 양과 섞이지 않게 하며

41 튼튼한 양이 새끼 밸 때에는 야곱이 개천에다가 양 떼에 눈 앞에 그 가지를 두어 양이 그 가지 곁에서 새끼를 배게 하고

42 약한 양이면 그 가지를 두지 아니하니 그렇게 함으로 약한 것은 라반의 것이 되고 튼튼한 것은 야곱의 것이 된지라

43 이에 그 사람이 매우 번창하여 양 떼와 노비와 낙타와 나귀가 많았더라

50.
돌아가라, 내가 너와 함께 있으리라

-다듬어 빚어주시며 우릴 기다리시는 아버지에게로-

야곱의 아버지에게로 귀향에

라반의 묘수와 아들들의 합세

서로를 향해 내뱉는 억센 분노는

또 다른 분노를 일으키며

허공에 맴도는 공허한 외침일 뿐

진정한 울림이 아닌 것을

드라빔[1]을 훔친 라헬의 교묘

라반의 야비, 야곱의 치졸

간교함의 한 그늘이지만

옳고 그름을 네가 감히 말하지 말라며

라반을 나무라시는 아버지

임마누엘을 안고 당당히 맞서는 야곱

---

1 드라빔/메사포타미아의 수호신, 재산권, 상속권 등의 가정수호신(라헬의 아
  버지 라반이 가지고 있던 집안의 수호신)

20여 년의 혹독한 연단의 시간

야곱에서 이스라엘로

너와 함께하리라 임마누엘로

진정한 하나님의 아들로

다듬고 빚어주시며

애타게 기다리시는 아버지에게로

주시는 사명 붙잡고 고운 모습으로

우리도 기다리기를

나 주를 멀리 떠났다² 이제 옵니다

귀한 시간 죄의 길에 시달리다 주여 옵니다

아버지의 따뜻한 품으로 달려갑니다

성경말씀

창세기 31장 1~42

-야곱이 라반을 떠나다

1 야곱이 라반의 아들들이 하는 말을 들은즉 야곱이 우리 아버지의
소유를 다 빼앗고 우리 아버지의 소유로 말미암아 이 모든 재물

---

2 나 주를 멀리 떠났다/ 찬송가 p273

을 모았다 하는지라

2 야곱이 라반의 안색을 본즉 자기에게 대하여 전과 같이 아니하더라

3 여호와께서 야곱에게 이르시되 네 조상의 땅 네 족속에게로 돌아가라 내가 너와 함께 있으리라 하신지라

4 야곱이 사람을 보내어 라헬과 레아를 자기 양떼가 있는 들로 불러다가

5 그들에게 이르되 내가 그대들의 아버지의 안색을 본즉 내게 대하여 전과 같지 아니하도다 그러할지라도 내 아버지의 하나님은 나와 함께 계셨느니라

6 그대들도 알거니와 내가 힘을 다하여 그대들의 아버지를 섬겼거늘

7 그대들의 아버지가 나를 속여 품삯을 열 번이나 변경하였느니라 그러나 하나님이 그를 막으사 나를 해치지 못하게 하셨으며

8 그가 이르기를 점 있는 것이 네 삯이 되리라 하면 온 양 떼가 낳은 것이 점 있는 것이요 또 얼룩무늬 있는 것이 네 삯이 되리라 하면 온 양 떼가 낳은 것이 얼룩무늬 있는 것이니

9 하나님이 이같이 그대들의 아버지의 가축을 빼앗아 내게 주셨느니라

10 그 양 떼가 새끼 밸 때에 내가 꿈에 눈을 들어보니 양 떼를 탄 숫양은 다 얼룩무늬 있는 것과 점 있는 것과 아롱진 것이었더라

11 꿈에 하나님의 사자가 내게 말씀하시기를 야곱아 하기로 내가 대답하기를 여기 있나이다 하매

12 이르시되 네 눈을 들어보라 양 떼를 탄 숫양은 다 얼룩무늬 있는 것, 점 있는 것과 아롱진 것이니라 라반이 네게 행한 모든 것을 내가 보았노라

13 나는 벧엘의 하나님이라 네가 거기서 기둥에 기름을 붓고 거기서

내게 서원하였으니 지금 일어나 이곳을 떠나서 네 출생지로 돌아
가라 하셨느니라

14 라헬과 레아가 그에게 대답하여 이르되 우리가 우리 아버지 집에
서 무슨 분깃이나 유산이 있으리요

15 아버지가 우리를 팔고 우리의 돈을 다 먹어버렸으니 아버지가 우
리를 외국인처럼 여기는 것이 아닌가

16 하나님이 우리 아버지에게서 취하여 가신 재물은 우리와 우리
자식의 것이니 이제 하나님이 당신에게 이르신 일을 다 준행하라

17 야곱이 일어나 자식들과 아내들을 낙타들에게 태우고

18 그 모은 바 모든 가축과 모든 소유물 곧 그가 밧단아람에서 모
은 가축을 이끌고 가나안 땅에 있는 그의 아버지 이삭에게로 가
려 할새

19 그때에 라반이 양털을 깎으러 갔으므로 라헬은 그의 아버지의
드라빔을 도둑질하고

20 야곱은 그 거취를 아람 사람 라반에게 말하지 아니하고 가만히
떠났더라

21 그가 그의 모든 소유를 이끌고 강을 건너 길르앗 산을 향하여
도망한지

22 삼 일만에 야곱이 도망한 것이 라반에게 들린지라

23 라반이 그의 형제를 거느리고 칠 일 길을 쫓아가 길르앗 산에서
그에게 이르렀더니

24 밤에 하나님이 아람 사람 라반에게 현몽하여 이르시되 너는 삼가
야곱에게 선악간에 말하지 말라 하셨더라

25 라반이 야곱을 뒤쫓아 이르렀으니 야곱이 그 산에 장막을 친지라
라반이 그 형제와 더불어 길르앗 산에 장막을 치고

26 라반이 야곱에게 이르되 네가 나를 속이고 내 딸들을 칼에 사로

잡힌 자같이 끌고 갔으니 어찌 이같이 하였느냐

27 내가 즐거움과 노래와 북과 수금으로 너를 보내겠거늘 어찌하여 네가 나를 속이고 가만히 도망하고 내게 알리지 아니하였으며

28 내가 내 손자들과 딸들에게 입 맞추지 못하게 하였으니 네 행위가 참으로 어리석도다

29 너를 해할 만한 능력이 내 손에 있으나 너희 아버지의 하나님이 어젯밤에 내게 말씀하시기를 너는 삼가 야곱에게 선악간에 말하지 말라 하셨느니라

30 이제 네가 네 아버지 집을 사모하여 돌아가려는 것은 옳거니와 어찌 내 신을 도둑질하였느냐

31 야곱이 라반에게 대답하여 이르되 내가 생각하기를 외삼촌이 외삼촌의 딸들을 내게서 억지로 빼앗으리라 하여 두려워하였음이니이다

32 외삼촌의 신을 누구에게서 찾든지 그는 살지 못할 것이요 우리 형제들 앞에서 무엇이든지 외삼촌의 것이 발견되거든 외삼촌에게로 가져가소서 하니 야곱은 라헬이 그것을 도둑질한 줄을 알지 못함이었더라

33 라반이 야곱의 장막에 들어가고 레아의 장막에 들어가고 두 여종의 장막에 들어갔으나 찾지 못하고 레아의 장막에서 나와 라헬의 장막에 들어가매

34 라헬이 그 드라빔을 가져 낙타 안장 아래에 넣고 그 위에 앉은지라 라반이 그 장막에서 찾다가 찾아내지 못하매

35 라헬이 그의 아버지에게 이르되 마침 생리가 있어 일어나서 영접할 수 없사오니 내 주는 노하지 마소서 하니라 라반이 그 드라빔을 두루 찾다가 찾아내지 못한지라

36 야곱이 노하여 라반을 책망할새 야곱이 라반에게 대답하여 이르

되 내 허물이 무엇이니이까 무슨 죄가 있기에 외삼촌께서 내 뒤를 급히 추격하나이까

37 외삼촌께서 내 물건을 다 뒤져보셨으니 외삼촌의 집안 물건 중에서 무엇을 찾아내었나이까 여기 내 형제와 외삼촌의 형제 앞에 그것을 두고 우리 둘 사이에 판단하게 하소서

38 내가 이 이십 년을 외삼촌과 함께 하였거니와 외삼촌의 암양들이나 암염소들이 낙태하지 아니하였고 또 외삼촌의 양 떼의 숫양을 내가 먹지 아니하였으며

39 물려 찢긴 것은 내가 외삼촌에게로 가져가지 아니하고 낮에 도둑을 맞았든지 밤에 도둑을 맞았든지 외삼촌이 그것을 내 손에서 찾았으므로 내가 스스로 그것을 보충하였으며

40 내가 이와 같이 낮에는 더위와 밤에는 추위를 무릅쓰고 눈 붙일 겨를도 없이 지냈나이다

41 내가 외삼촌의 집에 있는 이 이십 년 동안 외삼촌의 두 딸을 위하여 십사 년, 외삼촌의 양 떼를 위하여 육 년을 외삼촌에게 봉사하였거니와 외삼촌께서 내 품삯을 열 번이나 바꾸셨으며

42 우리 아버지의 하나님, 아브라함의 하나님 곧 이삭이 경외하는 이가 나와 함께 계시지 아니하셨더라면 외삼촌께서 이제 나를 빈 손으로 돌려보내셨으리이다마는 하나님이 내 고난과 내 손의 수고를 보시고 어제 밤에 외삼촌을 책망하셨나이다

51.
참 빛이 오셨다 / 성탄주일예배

-참빛인 예수님의 온기를 닮아 온정을 나누는 우리가 되길-

언젠가 한국 곳곳에서 보았던

낯선 사람들과의 프리허그

길거리에서 서로가 서로에게 다가가

멋쩍게 환하게 웃으며 살짜기의 포옹

참 아름다운 정경의 그 모습이었던

그리운 청년들의 프리허그 피켓[1]

아주 잠깐의 포옹으로

따뜻함이 전해지는 맑고 순수한 표정들

비 그친 후 태양처럼 향기로운 포옹

상처를 가라앉히며 슬픔이 가라앉으며

---

1 프리허그Free Hug/길거리에서 '프리허그'라는 피켓을 들고 기다리다가 자
  신에게 포옹을 청해오는 불특정의 사람을 안아주는 행위다. 2001년 '프리허
  그닷컴'의 설립자인 '제이슨 헌터'에 의해 최초로 시작되었으며 2006년에 호
  주의 '후안 만'이란 사람에 의해 한국에서도 확산됨

외로운 눈동자가 달콤한 이슬비에 젖듯[2]

아무런 말 없는 짧은 포옹은

백 가지 천 가지의 소통이 전해지니

거지 몰골로 돌아온 아들을

포근히 감싸며 돌아온 건만의 고마움[3]에

피해자와 가해자의 사과와 배려의 포옹이

쏟아지는 빗속의 중증 장애인에게

우산을 씌워주는 경찰의 의협심이[4]

그 가슴 뭉클하고 아름다운 모습은

우리를 향해 말없이 주는 사랑

뜨거운 포옹의 냄새인 예수님의 향내

용서의 빛으로 밝음과 맑음의 빛으로

어둠이었던 우리를 참빛으로 맞아주시고

참빛으로 살게 하시니

빛의 품, 예수님의 품에서

나누는 가슴으로, 가슴으로 나누기를

---

2 신현림/시인 신현림의 '7초간의 포옹 2'에서

3 탕자의 이야기/아버지를 등진 패륜아이며 젊음을 허망하게 탕진해버린 아
  들, 어둠의 빛에서 살다 다시 돌아온 아들인 탕자를 따뜻하게 품어주는 아
  버지의 눈물

4 서민들의 따뜻한 모습이 뉴스로 전해짐

성경말씀

요한복음 1장 9~13

9 참 빛 곧 세상에 와서 각 사람에게 비추는 빛이 있었나니
10 그가 세상에 계셨으며 세상은 그로 말미암아 지은 바 되었으되 세상이 그를 알지 못하였고
11 자기 땅에 오매 자기 백성이 영접하지 아니하였으나
12 영접하는 자 곧 그 이름을 믿는 자들에게는 하나님의 자녀가 되는 권세를 주셨으니
13 이는 혈통으로나 육정으로나 사람의 뜻으로 나지 아니하고 오직 하나님께로부터 난 자들이니라

52.
길벗이 되어주어 참 고맙습니다!
/ 송년주일예배

-예수님께로 향하는 길에 동역과 길벗이 되어주어 감사합
니다-

자신들의 의를 위하여 살아온

바리새인[1]의 율법과 전통 규례

규율에 얽매여 예수를 외면하고

박해에 동참하며 눈이 멀어버린 사울

하나님 음성으로 예수님께로 회심하니

눈멀었던 삶의 시간을 자책하며

선교와 전도, 복음의 편지로

절절하게 아낌없이 평생을 보내는 사도바울

그래도 홀로 외로운 사역의 삶이 아니라

---

1 바리새인/'분리된 자'라는 뜻의 바리새인은 모세의 율법과 부활, 천사, 영의
  존재를 믿으며 중산층의 평신도로서 율법 해석과 실천의 모습으로 존경받는
  랍비(선생)유대인(메시아로 오신 예수님이 자신들의 기득권에 위협을 준다
  고 여겼기에 예수님을 박해함) 바울 또한 바리새인 출신

함께 어둠을 뚫고 헤쳐 나갈 수 있는

곳곳마다 동역자 길벗들을 보내주시니

힘겹고 두렵고 떨리고 심히 약해졌을 때

스스럼없이 목숨까지도 내놓는 은혜의 만남

아굴라와 브리스길라²의 든든한 길벗을

예수는 그리스도라 밝히어 증언할 수 있는

실라와 디모데³의 격려와 응원의 동행을

온몸에 수만 개의 가시가 꽂히는 아픔과

옥중 참수형을 당하는 그 날까지

아버지가 열어주시는 길이라 믿는 바울에게

이방인을 향한 하나님 나라 확장의 사역이

아낌없는 동행의 든든한 길벗들이 함께였음을

밤낮으로 기도할 때 끊임없이 그대를 기억하며

하나님께 감사의 기도를 드릴 수 있는

바울과 디모데의 영적 만남과 같이

말씀으로 눈물로 이끄시는 김근영 목자님의 사랑으로

양들과 양들의 기도와 함께 동역의 길벗으로

감사함과 고마움으로 멋진 순례의 길을 동행하기를

---

2 아굴라와 브리스길라/유대인 부부로서 바울과 함께 살며 함께 일하며 사역
의 든든한 동역자

3 실라와 디모데/서로가 선교를 위한 삶을 살다 서로에게 기쁜 소식과 헌신된
물질로 만남을 가지며 위안과 성령충만의 바울의 동역자

성경말씀

사도행전 18장 1~5
-바울이 고린도에서 전도하다

1 그 후에 바울이 아덴을 떠나 고린도에 이르러
2 아굴라라 하는 본도에서 난 유대인 한 사람을 만나니 글라우디
오가 모든 유대인을 명하여 로마에서 떠나라 한 고로 그가 그 아
내 브리스길라와 함께 이달리야로부터 새로 온지라 바울리 그들에
게 가매
3 생업이 같으므로 함께 살며 일을 하니 그 생업은 천막을 만드는
것이더라
4 안식일마다 바울이 회당에서 강론하고 유대인과 헬라인을 권면
하니라
5 실라와 디모데가 마게도냐로부터 내려오매 바울이 하나님의 말씀
에 붙잡혀 유대인들에게 예수는 그리스도라 밝히 증언하니

에필로그

기도를 했다
내 자녀, 내 형제, 내 조카 등에게
축복, 은혜, 건강, 풍요로움, 평탄, 행복 등등
살아가면서 좋은 것은 다 달라고 기도했다
기도의 범위는 이것을 벗어나지 못했다
얼마나 어리석은 기도였던가
얼마나 부족하며 부끄러운 기도였던가
얼마나 하찮은 기도의 전부였던가
얼마나 하나님을 모르는 기도였던가
부끄럽고 또 부끄러운 기도였다
그래도 기도는 멈추지 않았다

고개숙이며
아버지 저를 선택해 주셔서 감사합니다
하나님을 아버지라 부를 수 있게 해 주셔서 감사합니다
이 보잘것없고 하찮은 저를, 이 이기적인 저를
주님의 사랑으로 보듬어주셔서 감사합니다

주님께로 가까이 더 가까이 함께하기를 원합니다
아버지께 기억되는 제가 되기를 소망합니다
하나님과 가까이함이 제게 복이라는 것을 이제는 압니다

-아멘

하나님과 가까이 함이
내/네게 복이라

초판1쇄	2022년 5월 13일
지은이	조영
그 림	심하은
펴낸이	이규종
펴낸곳	엘맨출판사
등록번호	제13-1562호(1985.10.29.)
등록된곳	서울시 마포구 토정로 222
	한국출판콘텐츠센터 422-3
전화	(02) 323-4060, 6401-7004
팩스	(02) 323-6416
이메일	elman1985@hanmail.net
	www.elman.kr

ISBN   978-89-5515-020-9 03230

값 12,000 원